Erfülle mir meine Wünsche

Anleitung, Erfolgsnachweise und Übungen
für Ihre erfolgreichen Wunscherfüllungen

Jeder Mensch hat seinen freien Willen, kann durch seine Gedanken Positives oder Negatives anziehen, so auch die Erfüllung seiner Wünsche.

Dieses Buch zeigt den Weg, Erfahrungen und Übungen des Autors und möchte Sie ermutigen, Ihr Schicksal selbst in die Hand zu nehmen, sich Ihre Wünsche zu erfüllen und Ihr Bauchgefühl zu sensibilisieren, um in jedem Augenblick in Harmonie und Glück zu leben.

Dieses Buch kann auch Ihr Leben positiv verändern.

Handeln müssen Sie jedoch selbst und zwar Heute und Jetzt.
Morgen kommt nie, denn Morgen ist Morgen wieder erst Morgen.

Manfred Bogenschütz

Manfred Bogenschütz

Erfülle mir meine Wünsche

Anleitung, Erfolgsnachweise und Übungen für Ihre erfolgreichen Wunscherfüllungen

Bibliografische Information der Deutschen Nationalbibliothek
Die Deutsche Nationalbibliothek verzeichnet diese Publikation in der Deutschen Nationalbibliografie;
detaillierte bibliografische Daten sind im Internet über http://dnb.d-nb.de abrufbar.

Satz und Layout: Manfred Bogenschütz
Fotos: Manfred Bogenschütz
Autorenfotos: www.rolandhuebler.de
Herstellung und Verlag:
Books on Demand GmbH, Norderstedt
ISBN: 978-3-8370-8997-4

Inhalt

Dieses Buch ist Teil der Buchserie von Autor Manfred Bogenschütz,

„Liebes Universum“ mit folgenden Titeln:

Wie finde ich meinen passenden Lebenspartner

Ich verbessere Jetzt und Heute meine Beziehung

Meine Arbeit soll Spaß machen

Erfülle mir meine Wünsche

Wie denke ich mich Gesund

Wie werde ich Reich

Der allgemeingültige Teil für ein glückliches Leben stammt aus dem Buch

Glücklich Leben im Paradies Erde

und wurde den jeweiligen Themen dieser Buchreihe angepasst. Deshalb sind die ersten 3 Kapitel in all diesen Büchern ähnlich, aber nicht exakt identisch.

1 Einleitung

Jeder hat es verdient dass seine Wünsche in Erfüllung gehen. Und jeder kann sich diesen Traum erfüllen. Es bedarf des uneingeschränkten Willens und Glaubens an die innere Göttlichkeit, die in jedem von uns inne wohnt.

Jesus von Nazareth ist einer meiner Lehrmeister. Alle seine Botschaften können auf einen Gott, der irgendwo im Universum lebt, aber auch auf die uns innewohnende Göttlichkeit bezogen werden. Es ist nicht nötig, dass Sie als Leser dieses Buches an Jesus oder sonstige Propheten glauben. Die innere Göttlichkeit kommt aus Ihrem Herzen und bedarf somit keinerlei äußerer Kräfte.

Ich habe viele unterschiedliche Ansichten, Interpretationen und wissenschaftliche Beweise aus Büchern gelesen, und habe selbst meine eigenen Erfahrungen erlebt, kleine wie für mich große Wunder.

Mein besonderer Dank gilt Jesus Christus, der mir als Lehrmeister mit seinen Worten geholfen hat, dass ich mein Leben im Paradies Erde von nun an und allzeit meines Lebens genieße und täglich neu erleben darf.

In diesem Buch werden immer wieder Bezüge auf Worte Jesus dargestellt. Diese Worte Jesus habe ich aus unterschiedlichen Quellen, hauptsächlich der Bibel und ähnlicher Schriften.

Dieses Buch ist für alle Menschen jeglicher Glaubensrichtung gedacht und soll niemanden von seinem Glauben oder gläubigen Einrichtung abbringen. Es soll jedem ein Ansporn sein, seinen Glauben mit seiner inneren Göttlichkeit zu vereinen.

Auch für Menschen ohne kirchliche Abhängigkeit steht der Weg zur inneren Göttlichkeit offen. Wie Jesus schon sagte:

„Vor Gott sind alle Menschen gleich“

Mein Dank gilt auch allen anderen Menschen dieser Welt, gleichgültig der Rasse, des Glaubens, ob Sie mir je wehgetan oder mir stets Liebe geschenkt haben. Wem ich je wehgetan habe, den bitte ich hiermit um Verzeihung.

Nicht zuletzt möchte ich meiner Lebenspartnerin Melitta Wegmann für ihr Verständnis und ihre Hilfsbereitschaft zur Entstehung dieses Werkes danken. Wir haben uns im Universum bestellt und gefunden.

Ich wünsche allen Menschen dass ihre Träume in Erfüllung gehen.

Der Autor, Manfred Bogenschütz

„Wer mein erstes Buch „Glücklich Leben im Paradies Erde“ gelesen hat, kann manche Kapitel im Schnelldurchlauf überfliegen. Die Kapitel wurden an das Thema Wunscherfüllung angepasst. Die allgemeinen Naturgesetze von Aktion=Reaktion sowie der Anziehung und Resonanz sind für meine Leser bereits bekannt. Es erschien mir jedoch wichtig, dass auch neue Leser die Vorgeschichte von mir und wie die Naturgesetze funktionieren, erfahren.“

Manfred Bogenschütz

1.1 Entstehung dieses Buches

Warum schreibe ich hier ein Buch über Wunscherfüllungen? Ich habe viele Jahre Sachbücher über Partnerschaft, Liebe, Sexualität, Feng Shui, Sportarten wie Thai Chi, Qi Gong, Pilates Training, Yoga, Spirituelles, Jesus Christus und Geheimnisse auf unserer Erde studiert. Dabei habe ich viel gelernt, besonders in Bezug auf Menschen und Partnerschaft, Gesundheit und Wohlbefinden und habe dabei auch Erfahrungen gesammelt, wie meine Wünsche sich erfüllt haben.

Ich war 10 Jahre angestellter Ingenieur in der Entwicklung, als Qualitätsbeauftragter und Projektleiter tätig. Obwohl ich sehr gut verdient hatte, hat mich der Beruf nicht erfüllt. Ich suchte meine Berufung und meinen Sinn des Lebens.

Im Juli 2005 kam mein Durchbruch, meine totale Veränderung. Ich hatte einen Urlaub mit meiner damaligen Lebensgefährtin an die türkische Riviera gebucht. Kurz vor der Abreise trennten wir uns und somit trat ich die Reise letztendlich alleine an. Es war für mich die Reise ins Licht. Mein Bruder, der sich ebenfalls mit spirituellen Themen befasst, sich zum Heiler und Heilpraktiker ausbildete und sich auch mit den Themen Feng Shui, Jesus und Geheimnisse der Erde auseinandersetzt, empfahl mir vor meiner Abreise zwei Bücher, die ich mir dann von ihm ausgeliehen habe. Es mögen vielleicht gar nicht allein diese Bücher sein, die mich ins Licht führten, sondern die ganzen Umstände, dass ich diesen Urlaub ganz für mich allein genießen konnte. Ich war somit offener für die Materie, das Geistige. Also wenn ich Ihnen an dieser Stelle diese beiden Bücher empfehle, dann deshalb, weil ich sie super finde. Nicht aber mit der Garantie, dass sie auch Ihnen gleich zum Licht verhelfen werden. Es Bedarf der entsprechenden inneren Einstellung.

Ich war erst enttäuscht, dass ich die Reise allein antreten musste. Ich ging zum Flughafen Stuttgart, flog in die Türkei und ließ mich zum Hotel fahren. Die nächste Enttäuschung. Zwischen der Hotelanlage und dem Strand lag eine viel befahrene Straße, das Hotel hatte eine schlechtere Ausstattung, als ich gewohnt war und ich mir bei der Buchung vorgestellt hatte. Mein Zimmer lag an einer Nebenstraße, wo der Ausblick gegen eine Mauer gerichtet war. Enttäuschung pur. Für mich gab es nur eins, raus, ein Wechsel in ein anderes Hotel und dies habe ich dann auch sofort bei der Reiseleitung vor Ort angesprochen. Ich wurde mehrere Tage vertröstet, von einem zum anderen Tag. Was habe ich dann gemacht? Ja genau, ich habe gelesen und gelesen, was sollte ich sonst tun? Erst das Buch *Das LOL²A-Prinzip – Die Vollkommenheit der Welt* von René Egli. Die erste Hälfte des Buches war mir erst langweilig, weil ich mich wegen dem Ärger mit dem Hotel wohl schlecht konzentrieren konnte, aber dann wurde es für mich immer spannender und für mich auch nachvollziehbar, was sich in meinem Leben bisher so alles abgespielt hatte und wie ich mein Leben durch ein paar einfache Veränderungen an mir selbst drastisch verbessern konnte. In einfachen Worten ausgedrückt könnte man auf einer Seite die Kernaussage für dieses Buch definieren. Natürlich ist der Rest des Buches für die Hintergründe, die Beweise und Umsetzungen erforderlich. Die meisten Menschen, mich nicht ausgeschlossen, benötigen Beweise für übernatürliche Phänomene. An dieser Stelle nur kurz und bündig; LOL^2A steht für

LO = Loslassen

L^2 = Liebe (L^2 = Liebe mal Liebe, Liebe ist das Wichtigste im Leben)

A = Aktion/Reaktion

Das zweite Buch, welches ich dann noch gelesen habe, ist *Hände weg von diesem Buch* von Jan Udo Holey alias Jan van Helsing, welches ich auch jedem gerne empfehle.

Ich möchte keinen Vergleich dieser Bücher anstellen. In beiden Bücher sind für mich die Fakten über die Geheimnisse, die hinter unserem Leben stehen, die Gesetzmäßigkeiten, wie wir selbst unser Leben durch Gedankenkraft lenken und wie wir mit einfachen Veränderungen unseres Denkens unser Leben positiver gestalten können so gut dargestellt, dass ich nun meine eigene Gestaltung meines ganzen Lebens nachvollziehen kann. Selbstverständlich habe ich aus vielen anderen Werken vorher und nachher dazugelernt, einige davon finden Sie im Literaturverzeichnis dieses Buches.

Was meine positive Veränderung ab Juli 2005 angeht, steht ausführlich in meinem ersten Buch „Glücklich Leben im Paradies Erde". Das Buch hat hunderte von Lesern beeindruckt und es gab rege Nachfrage nach mehr Details in Bezug auf die einzelnen Lebensbereiche. So entstand aus dem ersten Buch nun eine Serie von einzelnen, tiefer greifenden Büchern, die ich als Serie unter dem Oberbegriff *„Liebes Universum"* veröffentliche. Dieses Buch ist ein Teil der Serie und zeigt meine Erfahrungen in Bezug auf Wunscherfüllungen.

Mehrere Ereignisse, für mich kleine Wunder, haben sich ereignet. Ich habe Gegenstände mit Gedankenkraft verschoben, Menschen sehr glücklich gemacht und eine Selbstheilung durchgeführt.

Auch das Hotel im Urlaub wurde für mich immer angenehmer. Das Essen war besser als in vielen anspruchsvolleren Hotels, welche ich sonst besuchte. Die Menschen waren glücklicher und zufriedener als ich es sonst gewohnt war.

Ich kann mich an einen jungen Mann erinnern. Er war wie ich allein in diesen Urlaub gefahren und war sehr einsam, wollte eine Partnerin, tat sich aber schwer im Umgang mit Frauen, weil er sehr schüchtern war. Ich habe mich an der Poolbar mehrere Abende mit ihm unterhalten und ihm von meinen Erkenntnissen in Bezug auf unsere Gedankenkraft und von meinen kleinen Wundern erzählt. Er hat mich sehr schnell in sein Herz eingeschlossen, freute sich, dass sich jemand für seine Probleme interessiert und ihm ein glücklicheres Leben auf dieser Erde wünscht und gönnt. Ich kann mich auch noch genau erinnern, wie ihm in unserem Gespräch die Tränen kamen. Gerne wüsste ich heute, wie es diesem jungen Mann nun geht, aber leider verloren wir uns aus den Augen, wie es so oft im Leben passiert. Man lernt Menschen weit ab von der gewohnten Umgebung kennen und sieht sich vielleicht erst viele Jahre später oder überhaupt nicht mehr wieder.

In der Zeit nach diesem Urlaub habe ich mich weiterhin immer wieder mit Büchern und Beiträgen beschäftigt, die in Richtung *Macht unserer Gedanken* gehen. Das Buch *Der kosmische Bestellservice* von Barbara Mohr hat mich gelehrt, wie man im Universum Bestellungen aufgibt. Positive wie auch negative Bestellungen, das hört sich jetzt vielleicht komisch an, aber es ist so. Jeder Gedanke im Unterbewusstsein, der von Herzen kommt, wird erfüllt und in der heutigen Zeit, wo wir von den Medien viel Negatives erfahren, sind unsere Gedanken von negativen Einflüssen mehr als im positiven Denken gelenkt. Diese Erkenntnis habe ich auch erst, seit ich mich mit der Materie befasse. Anfangs war es mir selbst sehr unangenehm, wie viele negative Gedanken in uns schlummern. Je mehr ich mich dem Positiven zugewandt habe, desto mehr verschwinden diese negativen Gedanken. Heute denke ich fast nur noch positiv. Wenn mir ein negativer Gedanke durchs Ohr flüstert suche ich positiven Ersatz. Zu meinem Glück kommt dies nur noch selten vor.

Aber warum lesen Sie dieses Buch? Vielleicht sind Sie nur neugierig, was dieser Manfred Bogenschütz schreibt und vermitteln will, weil Sie ihn bereits persönlich kennen. Vielleicht befassen Sie sich ja auch bereits mit spirituellen Themen. Suchen Sie vielleicht auch noch nach Beweisen für die .Macht unserer Gedanken? Haben Sie vielleicht auch schon Erfolge mit Ihrem positiven Denken erzielt und Ihre Wünsche gingen in Erfüllung? Es ist völlig gleichgültig warum. Und wenn Sie sich neu auf diesem Gebiet befinden, kann ich Ihnen nur empfehlen, probieren Sie es aus. Probieren kostet nichts und es kann sein, dass Sie durch die Umsetzung dessen, was in diesem Buch steht, Ihre Wünsche in Erfüllung gehen.

Es gibt so viele Sprichworte und von namhaften Menschen ausgesprochene Sätze wie *„Dein Glaube versetzt Berge"*, *„Wie man in den Wald hineinruft so schallt es wieder zurück"*, *„Wer anderen eine Grube gräbt fällt selbst hinein"* usw.

All diese Sätze haben ihren wahren Ursprung und sind in uns selbst zu finden.

Es gibt auch Lieder über Bestellungen im Universum. Auch diese wurden sicher nicht ohne Grund geschrieben und gesungen.

Nachdem ich seit 2005 viele für mich kleine Wunder erlebt habe, meine negativen und positiven Lebenserfahrungen nachvollziehen kann und ich meine Partnerin Melitta über eine Bestellung im Universum kennen gelernt habe und sich immer mehr Wünsche bei mir erfüllen, wollte ich diese Erfahrung auch anderen Menschen zugänglich machen.

Schade ist, dass noch viele Menschen an einen Zufall glauben, den es nicht gibt. Es fällt Dir zu, was Du selbst verursacht hast.

Wir sollten uns vielmehr auf die Suche nach unserem inneren Gott machen. Und dazu möchte ich mit diesem Buch beitragen.

Liebe und Dankbarkeit sind die Schlüsselwörter, die ich Ihnen gerne vermittle.

In diesem Buch geht es um die Erfüllung unserer Wünsche. Auch hierbei spielt Liebe und Dankbarkeit eine wichtige Rolle. Alles was bisher in unserem Leben geschah, hatte seinen Sinn. Wir können uns auch für unglückliche Tage bedanken, denn diese haben uns gelehrt, was wir uns heute nicht mehr wünschen. Ich kann Ihnen nur ans Herz legen, allem was bisher negativ verlief, zu verzeihen, es zu akzeptieren sowie Liebe und Dankbarkeit auch den negativen, vergangenen Dingen zu senden. Das hört sich vielleicht schwierig an, aber es ist der Schlüssel für eine glückliche Zukunft. Nur wenn Sie frei und voller Liebe sind, steht Ihrem Glück nichts mehr im Wege.

Wie Sie sich dann Ihre Wünsche im Universum bestellen und erfüllen können, schildere ich anhand meiner eigenen Erfahrungen und anhand von Erfahrungen, welche ich aus anderen Büchern und persönlichen Kontakten kenne.

Ich wünsche Ihnen viel Spaß beim Lesen und vor allem viel Glück und Erfolg auf der Reise in eine glückliche Zukunft.

Ihr Manfred Bogenschütz

1.2 Wie lese ich dieses Buch?

Dieses Buch ist so geschrieben, dass Sie es immer wieder lesen und es auch als Arbeitsbuch verwenden können.

Die ersten Kapitel sind zum allgemeinen Verständnis zum Thema Glückliches Leben und Wunscherfüllung. Es soll Ihnen die Hintergründe, Fakten darlegen und Literaturhinweise zeigen, wo Sie ggf. weitere Informationen über die angesprochenen Themen erfahren.

In späteren Kapiteln lesen Sie Wunscherfüllungen mit Erfolgsgeschichten, die ich bisher erlebt habe. Diese Kapitel können Sie immer wieder als Nachschlagewerk benutzen, um Ihre Erfahrungen mit meinen zu vergleichen.

Im weiteren Verlauf des Buches ist beschrieben wie Sie Ihre Wünsche im Universum bestellen können und was zu tun ist um ein glückliches Leben zu führen. *„Der Glaube versetzt Berge"* ist ein Sprichwort, welches ich nur bestätigen kann. Wenn Sie sich also sagen, das klappt bei mir sowieso nicht, dann hat es schon funktioniert, denn dann ist Ihr Wunsch bereits erfüllt, ohne dass Sie etwas tun müssen. Es wird dann nicht klappen. Oder vielleicht doch, denn das Unterbewusstsein kennt Verneinungen wie *„nicht"* und *„keine"* usw. nicht. Also egal, was Sie mit dem Wissen aus diesem Buch tun, Sie können an der Tatsache, an dem Naturgesetz, dass alle Ihre Gedanken unweigerlich umgesetzt werden, nichts verändern. Das Einzige, was Sie tun können, sind Ihre Gedanken zu verändern und zwar in Ihrem eigenen Interesse nur noch ins Gute, ins Positive, Tag für Tag.

Kurz zur Umgangssprache Ihm/Ihr bzw. Mann/Frau. Ich schreibe hier immer von Menschen ohne Berücksichtigung der Anrede. Der Mensch ist in unserem Wortgebrauch männlich und deshalb wird hier meist in der männlichen Form geschrieben. Sie werden sicher verstehen, wer als Partner oder Nachbar oder Sonstiges gemeint ist. Jedes mal beide Geschlechter aufzuführen würde den Fluss des Textes verschlechtern.

Ich habe in diesem Buch keine Listen oder Formulare zur individuellen Übung aufgeführt, da die meisten Leser diese ohnehin nicht benutzen würden. Es empfiehlt sich aber, sich schon während des Lesens Notizen zu machen, was man künftig an sich selbst ändern will, um ebenfalls ein glücklicheres Leben zu führen. Es müssen nicht einmal Notizen aus diesem Buch sein, oft fällt einem beim Lesen von Erfahrungsberichten anderer plötzlich ein eigenes Ereignis ein, welches man einmal erlebt hat. Oder Sie haben plötzlich eine Idee, welche Sie später in die Tat umsetzen wollen. Wenn Sie diese nicht als

Aufgabe notieren, verliert sie meist wieder an Bedeutung oder gerät in Vergessenheit. Deshalb meine Empfehlung, machen Sie sich Notizen, was Sie ab Heute verändern wollen.

Ebenfalls eine wichtige Sache, visualisieren Sie Ihre Wünsche und Ziele. Hängen Sie Bilder von den Dingen, welche Sie sich wünschen, sichtbar an die Wand oder wohin Sie wollen. Wichtig dabei ist, dass Sie diese Bilder immer wieder, möglichst täglich, sehen. Ihr Unterbewusstsein arbeitet automatisch auf die Erreichung dieser Ziele hin.

In diesem Buch tauchen immer wieder Wiederholungen auf. Dies mache ich bewusst bei den Passagen, welche besonders wichtig sind. Wiederholung dient der Vertiefung in unserer Wahrnehmung und unserem Gedächtnis.

Im Grunde würde es ausreichen, wenn ich hier ein Buch mit einer Seite schreiben würde. Die Kernaussage des Buches würde nämlich gut auf eine Seite passen. Eine solche Seite stellt die Zusammenfassung und Kernaussage hinten im Buch dar. Vielleicht kopieren Sie sich diese Seite und visualisieren sich diese an einem für Sie täglich sichtbaren Bereich.

Ich habe festgestellt, dass viele Menschen immer wieder darauf aufmerksam gemacht werden müssen, was sie alles mit ihren Gedanken verursachen. Auch deshalb sind Wiederholungen und meine Erfahrungen als Nachweise notwendig.

Ich wünsche Ihnen eine interessante Reise in ein glückliches Leben.

„Hängen Sie Bilder aller Ihrer Wünsche und Träume an die Wand, damit ihr Unterbewußtsein täglich sensibilisiert wird.“

Manfred Bogenschütz

1.3 Jesus Christus als Lehrmeister

Zunächst möchte ich zu diesem Thema erst einmal den Aberglauben ausräumen, Jesus hätte irgendetwas mit Kirchen und kirchlichen Organisationen zu tun.

Die kirchlichen Organisationen tun sicher ihr Gutes und ich möchte niemand, der einer solchen Organisation angehört, davon abbringen. Ohne die kirchlichen Organisationen wäre vermutlich die Überlieferung der Botschaften von Jesus Christus, aber auch sonstigen Propheten wie Moses, Allah, Buddha usw. verloren gegangen.

Meine Vorstellung von Jesus Christus und seinen Botschaften sind dahingehend, dass ich mich mit den Worten, den Predigten und Darstellungen so identifiziere, dass sie jedem Menschen jeglichen Glaubens auch ohne kirchliche Zuordnung offen stehen.

Woher Jesus Christus kam, es ist die Rede, dass Mutter Maria ihn ohne Geschlechtsverkehr gebar, spielt keine Rolle. Woher Jesus Christus nach seinem Tode ging und wann dies wohl gewesen sei, ist ebenfalls unwichtig. Es steht im Neuen Testament, er sei gen Himmel aufgefahren, wo immer dies auch sein mag. Andere Illustrationen behaupten, dass er nach der Kreuzigung gepflegt wurde und in Indien eine zweite Frau geheiratet hätte, Kinder mit dieser Frau hatte und später mit über 80 Jahren verstorben sei. Es gibt noch viele weitere mögliche Variationen. Ich kenne die wahre Geschichte nicht und es spielt für mich auch keine Rolle.

Jedenfalls faszinieren mich die Worte Jesus Christus, weil in seinen Worten für mich ganz klar hervor geht, dass er von der inneren Göttlichkeit, die in uns allen vorhanden ist, gesprochen hat.

Für mich scheint es so, als ob die Worte Jesus von den meisten Menschen nicht richtig verstanden worden sind und werden. Und nach all dem, was ich aus anderen Publikationen erfahren habe, vermag ich zu behaupten, ich bin nicht der einzige, welcher so denkt. Vielleicht verstehe auch ich die ganzen Botschaften nicht richtig. Was ist richtig und was falsch? Jeder darf seinen freien Willen und seinen Glauben walten lassen.

Betrachten wir nur ein paar Sätze von Jesus Christus.

Hat Jesus Christus die Kranken geheilt? Jesus sagte angeblich nach den Heilungen stets *„Dein Glaube hat Dir geholfen"* oder *„Dein Glaube hat Dich geheilt"*. Wer hat die Kranken also geheilt?

Jesus hat angeblich auch gesagt *„Der Herr ist in Dir"*, *„Gott ist um uns, mit uns und in uns"* und *„Denn Dein ist die Kraft und die Herrlichkeit…"*. Wo ist also Gott? Im Himmel? Wo ist der Himmel? Gott ist in uns.

„Sehet die Lilien…", auch ein sehr schöner Satz aus der Bergpredigt, den ich immer wieder denken muss. Jesus Christus sprach so deutlich, dass die Menschen, welche suchend sind und noch nicht gefunden haben, wohl nichts verstanden haben.

Wir haben das Paradies auf dieser Erde. Unsere materielle Denkweise und dass wir meist nicht mit dem zufrieden sind, was wir gerade haben, verdunkelt unser Wahrnehmungsbewusstsein. Auf unserer Erde ist genug für alle da, ob Nahrung, Luft, Mineralstoffe oder was immer wir benötigen. Auch Geld gibt es genug und wenn nicht, dann drucken unsere Machthaber einfach Neues, also auch kein Problem.

Seit ich mich mit all diesen spirituellen Themen befasse, kann ich immer mehr die Worte Jesus Christus verstehen, nachvollziehen und davon profitieren. Deshalb nenne ich dieses Kapitel auch Jesus Christus als Lehrmeister. Ich habe sehr viel von ihm gelernt, auch wenn ich nur durch Übermittlungen und leider nicht über persönliche Lehre teilhaben darf.

Jesus Christus ist für mich und sicher für viele Menschen der wohl liebevollste, ehrlichste und vertrauensvollste Mensch, der je gelebt hat.

Ich möchte ihm an dieser Stelle meine größte Bewunderung und Hochachtung aussprechen und ihm für alles danken, was er auf der Erde bewegt hat, noch bewegt und in Zukunft bewegen wird.

Ich hoffe auch, dass die Menschheit aufwacht und das Paradies Erde als solches annimmt, pflegt und genießt.

„Jesus Christus ist unser Lehrmeister aber haben wir wirklich verstanden, was er uns lehren wollte."

Manfred Bogenschütz

1.4 Die Macht der Gedanken

Es gibt viel Literatur auf diesem Gebiet und auch Jesus Christus hat mit seinen Worten *„Dein Wille geschehe"* ausgedrückt, dass unsere Gedanken und unser Glaube Berge versetzen können.

Alle unsere Gedanken sind Wünsche, die wir unbewusst ins Universum stellen. Wenn wir negative Gedanken haben, sind die Wünsche negativ. Wenn wir positive Gedanken haben, sind die Wünsche positiv. Wie wir es drehen und wenden, unser Wille geschieht. Der eine Wunsch erfüllt sich sofort, der andere etwas später. Wenn sich die Wünsche dann erfüllen, sagen wir zumeist, *„oh, so ein Zufall"*. Aber ich habe ja bereits erwähnt, dass es den Zufall nicht gibt. Es fällt uns zu, weil wir es uns gewünscht haben.

Nun, wie funktioniert die Wunscherfüllung? Warum haben wir die Macht der Gedanken? Es wird in der Literatur auf unterschiedlichste Weise gelehrt. Hier kann ich nur meine Version, die auf den unterschiedlichsten Darstellungen basieren, erklären. Es ist vergleichbar mit physikalischen Gesetzmäßigkeiten, die besagen, dass Energie nicht erzeugt, sondern nur umgewandelt werden kann. Ebenfalls aus der Physik kennen wir die Gesetzmäßigkeit Aktion = Reaktion, was wir alle bereits in der Schulausbildung gelernt haben. Dem Thema Aktion = Reaktion habe ich ein eigenes Kapitel gewidmet, da es einen sehr wichtigen Aspekt in unserem Leben ausmacht.

Unsere Gedanken haben ebenso die Gesetzmäßigkeit, dass sie alle in Erfüllung gehen. Voraussetzung dafür ist nur, dass sie von Herzen kommen, also nicht oberflächlich gedacht, sondern im Unterbewusstsein verankert sind. Diese Gedanken kommen aus Liebe, Hass, Freude, Leid, Gönnen, Neid, Gefühle, Ablehnung usw. Sie sehen, hier sind bereits die Gegensätze dargestellt, was zu negativen und positiven Wünschen führt. Das Schöne an der ganzen Sache ist, dass wir niemand etwas Schlechtes oder Gutes antun können, sondern alles, was wir uns ausdenken, stets zu uns zurückkommt. Natürlich scheint es oft, dass wir durch unser handelndes Denken jemand anderem Schaden, Freude oder Gesundheit und Krankheit zugeführt haben, aber wissen wir über deren Gedanken Bescheid, was sie sich gewünscht haben? Jeder ist seines Schicksals Schmied. In meinen Darstellungen meiner Partnerwunscherfüllungen werden die Gesetzmäßigkeiten von Aktion = Reaktion oder Wunscherfüllungen besser greifbar, da Sie Beispiele dafür geliefert bekommen, die ich selbst erlebt habe.

Hier möchte ich Ihnen erst einmal verständlich erklären, dass alles, was Ihnen im Leben widerfährt, die Reaktion auf ihre früheren Gedanken und unbewussten Wünsche ist.

Somit ist auch klar, dass Gedanken gefährlich sein können. Wenn Sie immer wieder an Gewalt und Hass denken, dass Sie vielleicht ausgeraubt, überfallen oder geschlagen werden könnten, dann besteht eine große Gefahr, dass dies eintritt.

Wenn Sie an Liebe, Dankbarkeit, Friede, Gesundheit, Glück, Erfolg, Reichtum und Wohlstand denken, wird sich dies auch umsetzen. Warum? Ganz einfach, weil Sie es sich durch Ihre Gedanken im Universum bestellt haben.

Die Welt ist das, was Sie von ihr denken. Wenn Sie die Straße entlang laufen und für Sie die Menschen schlecht sind, dann werden Sie feststellen, dass die Menschen Sie nicht beachten, Sie vielleicht sogar provozieren oder demütigen. Starten Sie mit einem Versuch. Lächeln Sie, wünschen Sie allen Menschen, Tieren, Pflanzen, einfach allem Liebe und Dankbarkeit. Schauen Sie was dann passiert. Ein altes Managersprichwort lautet, LMAA (lächle mehr als andere).

Gott ist in uns und so erleben wir dies jeden Tag. Ich habe schon oft gehört, *„wenn es einen Gott gäbe, würde es mir doch nicht so schlecht gehen"*. Was trifft hier wieder ganz genau zu? Der Gedanke, *„es geht mir schlecht"*, wird umgesetzt als Wunsch und es geht diesen Menschen schlecht und es wird ihnen immer schlechter gehen. Genauso verhält es sich mit den vielen kranken Menschen. Die Medizin kennt das wohl jedem bekannte chronische Kranksein. Wohl wissen die meisten, was chronisch krank bedeutet, nämlich ohne erkennbare Symptome krank zu sein, aber den Wenigsten ist diese Tatsache bewusst. Ich bin krank, mir tut alles weh und vieles mehr schwirrt in den Köpfen herum und dabei wäre es doch so einfach, sich selbst zu heilen. Gesundheit, Liebe und Dankbarkeit für unser Wohlbefinden sind hierfür die Schlüsselworte. Auch der Placeboeffekt ist die Reaktion unseres Körpers auf die Aktion unseres Geistes. Unerklärlich und selbst in der Schulmedizin immer mehr akzeptiert.

Wenn Sie sich immer nur über die bisherigen schlechten Erfahrungen ärgern, bestellen Sie im Universum wieder genau solche schlechten neuen Erfahrungen. Das Universum nimmt Ihre Gedanken für bare Münze und erfüllt Ihre Gedanken als Wünsche. Das Gesetz der Resonanz zieht magisch immer wieder das in Ihr Leben, was Sie immer wieder denken.

Denken Sie positiv und ziehen Sie somit Positives in Ihrem Leben an. Ausprobieren lohnt sich und kostet nichts.

1.5 Aktion = Reaktion

„Wie man in den Wald hinein schreit, so hallt es auch wieder zurück." Ein bekanntes Sprichwort und nicht nur das, Aktion = Reaktion kennen wir alle aus der Physik als eines der physikalischen- bzw. Naturgesetze.

Was bedeutet dies nun für unsere speziellen Wünsche? Im Grunde ganz einfach. Wenn ich Hass aussende, denkend oder handelnd, kommt Hass auf mich zurück. Sende ich Liebe aus, kommt Liebe auf mich zurück. Wir können dies auch Anziehung nennen. Wir ziehen das an, was wir aussenden bzw. ausstrahlen.

Ein kleines Beispiel soll dies verdeutlichen.

Ich hatte eine Kneipe. Diese war sehr gut besucht und der Umsatz konnte sich sehen lassen. Wenn ich meinen Gästen nur das brachte, was sie sich bestellt hatten, war der Umsatz ok. Wenn ich aber den Gästen hin und wieder ein Getränk gratis brachte, konnte sich der Umsatz zum Teil verdoppeln. Die Reaktion auf meine großzügige Geste wurde also dadurch belohnt, dass ich etwas verschenkt habe. So ist es auch mit Spenden, mit Liebe und allem, was Sie sich nur vorstellen können.

Jeder hat sicher schon selbst bemerkt, was passiert, wenn man jemanden Liebe schenkt. Besonders bemerkbar macht es sich natürlich, wenn man dies auf nicht alltägliche Art tut, z.B. ohne Grund einer Frau ein paar Blumen mitbringt oder wenn man dies nicht täglich macht, immer wieder sagt *„ich liebe Dich"* oder wie auch immer. Was passiert dann? Genau, man bekommt eine geballte Ladung Liebe zurück.

Nun, es ist natürlich nicht immer so, dass man direkt auf das Ausgesendete eine Antwort bekommt, aber Aktion = Reaktion ist ein Naturgesetz, welches immer funktioniert.

Was würde nun also passieren, wenn alle Menschen nur noch Liebe, Dankbarkeit, Freude, Friede, Gesundheit, Glück, Erfolg, Reichtum, Wohlstand, Überfluß usw. aussenden würden? Genau, wir leben im Paradies und haben es noch nicht bemerkt. Denn, zu jedem dieser positiven Begriffe gibt es ein Gegenstück und diese sind Hass, Neid, Leid, Krieg, Krankheit, Unglück, Misserfolg, Armut usw. Was sollten wir also ab sofort Tag für Tag aus unseren Gedanken dringend verschwinden lassen? Wir verbannen einfach all diese negativen, in all den Jahren seit unserer Kindheit suggerierten und eingetrichterten schlechten Gedanken.

Je mehr Sie sich mit diesem Thema befassen, desto mehr wird Ihnen klar vor Augen geführt, wie viele negativen Gedanken wir in unserem Gehirn bisher mit geschleppt haben. Aber ich kann Ihnen versichern, es lohnt sich, denn Sie werden diese negativen Gedanken mehr und mehr verlieren.

Auch nach Jahren positiven Denkens kommen mir noch zum Teil solche negativen Gedanken und ich verwandle sie umgehend ins Positive.

Zu Aktion = Reaktion bedarf es aber noch etwas ganz Besonderem, dem Loslassen, was im Buch *Das LOL²A-Prinzip – Die Vollkommenheit der Welt* von René Egli sehr gut beschrieben ist. Denn all unsere Gedanken sind Wünsche ans Universum und werden erst erfüllt, wenn wir davon loslassen. Oben habe ich Beispiele genannt, wo Aktion = Reaktion sofort erkennbar waren.

Die meisten unserer Gedanken sind allerdings so abstrakt, dass wir, weil sie tief aus unserem Inneren, unserem Unterbewusstsein kommen, diese nicht als Wünsche wahrnehmen. Dies gilt insbesondere für die negativen Wünsche. Wer würde sich schon wünschen, dass er gehasst wird, dass ihm ein Unfall passiert oder dass er geschlagen wird? Verstehen können wir schon eher unsere positiven Wünsche. Aber genau da liegt der wichtige Aspekt des Loslassens. Von den negativen Gedanken können wir viel besser loslassen, weil wir diese nicht als Wünsche erkennen. Deshalb erfüllen sich die negativen Wünsche schneller und öfter und wir fallen immer tiefer. Unsere positiven Wünsche wollen wir mit aller Kraft und lassen davon nicht los. Somit erfüllen sich diese langsamer oder erst so spät, dass wir es dann kaum noch glauben können, nämlich dann, wenn wir davon losgelassen haben.

Es ist phänomenal, ja, einfach genial, wie wir Menschen geschaffen wurden. Wir können durch unseren freien Willen einfach alles haben, was wir wollen. Einfach nur denken und dann loslassen. Nun, es ist zwar so einfach, aber es gibt da einen Haken. Wo ist der Haken? Schauen Sie in den Spiegel und lächeln Sie dem Haken zu, er wird Ihnen ebenfalls ein Lächeln zurücksenden.

Für uns ist das Loslassen bei positiven Wünschen zu schwierig. Wie können wir nun besser loslassen? Indem wir zwar unsere Ziele als Wünsche aussenden, vielleicht bei einer täglichen Meditation, dann aber loslassen, indem wir mit all dem, was wir haben, voll und ganz zufrieden sind. Wir danken für und lieben alles was wir haben und freuen uns über das schöne Wetter, die Wohnung, die Nahrungsmittel, die Tiere, die Pflanzen und alles, was wir bereits besitzen.

Ich kann Ihnen sagen, bevor ich mit solchen Themen gearbeitet habe, traf ich in jeder fremden Toilette auf verschmutzte Anlagen, wenn ich etwas im Freien zu erledigen hatte, regnete es und so könnte ich noch vieles aufzählen.

Kapitel 1: Einleitung

Heute danke ich jeden Tag für das schöne Wetter, auch wenn es regnet, denn dies ist lebensnotwendig für die Pflanzen. Auch den Pflanzen danke ich und erfreue mich der Farbenpracht, und an saubere Toiletten musste ich nur einmal denken und danach loslassen. Heute kann ich auf jede Toilette gehen und wenn von sechs Toiletten eine sauber ist, dann ist diese für mich frei.

Ich weiß, wenn Sie sich neu mit diesem Thema befassen, mag es sich für Sie verrückt anhören, aber es ist einfach so. Sie haben den freien Willen wie ich und jeder andere Mensch, und können es jederzeit ausprobieren.

Die Schlüsselwörter sind LOL²A, also Loslassen, Liebe, Aktion/Reaktion bzw. die Anziehung dessen, was wir durch unser Denken aussenden.

Oder wie Jesus Christus sagte: *„Es geschehe nach Deinem Willen“*, *„Der Herr ist mit Dir“*, usw.

Viele meiner Erfolge basieren auf Aktion = Reaktion.

Wir alle wurden positiv denkend geboren, jedoch wurde uns vom Elternhaus, von der Schule und unserem Umfeld mehr oder weniger aufgezwungen, das darfst Du nicht, das kannst Du nicht, das ist gut und jenes ist schlecht, usw. Von Kindern können wir vieles lernen. Kinder haben Mut, keine Angst, sie lachen, weinen nur wenn sie etwas haben wollen, was sie nicht bekommen oder etwas nicht tun dürfen, sie sagen die Wahrheit, lügen nur wenn man sie dazu verleitet, sie sind einfach genial. Aber wie lange? Bis sie Erwachsen sind?

Ich möchte Sie dazu motivieren, sind Sie wie die Kinder und lassen Sie Ihren positiven Wünschen freien Lauf. Vergessen Sie, was man Ihnen verweigert, hören Sie auf Ihr Herz und Ihr Bauchgefühl und machen Sie nicht, was andere von Ihnen erwarten. Oder besser gesagt, was Sie denken, was andere von Ihnen erwarten. Sie können es doch nicht jedem recht machen. Was für den einen gut und recht ist, ist für den anderen schlecht und unrecht. Auch hierüber gibt es genügend Beispiele in der Politik, in der Wirtschaft und im täglichen Leben. Ich möchte kein Politiker sein. Die einen würden mich wählen, weil meine Ideen für diese Leute gut sind, die anderen würden mich am liebsten mit Tomaten bewerfen. Oder Papst? Hunderttausende beten ihn an, und warum muss er dann im Panzerwagen sitzen?

Hass, Neid, Leid, Krieg, Krankheit, Unglück, Misserfolg, Armut, alles unnötige uns angelernte Parasiten. Was unser Elternhaus, unsere Schule und unser Umfeld versäumt haben, uns zu suggerieren, das erledigen die Medien, die Illuminati und wer immer Macht und Einfluss über uns gewinnen will und kann.

Aber nicht mehr mit Ihnen und nicht mehr mit mir.

Ab heute leben wir nur noch in Liebe, Dankbarkeit, Freude, Friede, Gesundheit, Glück, Erfolg, Reichtum, Wohlstand, Überfluss, und das Paradies auf unserer Erde ist uns sicher.

Leben und Leben lassen ist unsere Devise.

Was hat das Ganze mit Ihren persönlichen Wünschen zu tun? Wie bei allen Gedanken spielen Ihre allgemeinen Gedanken bei der Wunscherfüllung mit eine Rolle. Wenn Sie ein glückliches Leben führen wollen gehört auch der Rest Ihres Lebens mit dazu. Wir können nicht über viele Dinge negativ denken und dann erwarten, dass das Universum diese negativen Wünsche bei Ihren speziellen Wünschen unberücksichtigt lässt.

Unsere Gedanken müssen somit in allen Bereichen positiv eingestimmt sein.

Verbannen Sie Hass, Neid und alle sonstigen negativen Gedanken aus Ihrem Gedankenschatz und beginnen Sie ein ganz neues, glückliches Leben in Liebe und Dankbarkeit.

"Was wächst aus einer Apfelbaumpflanze?
Ein Apfelbaum.
Aus einer Rosenpflanze wächst einen Rosenstrauch.
Liebe erzeugt Liebe, usw.
Du erntest was Du sähst."

Manfred Bogenschütz

1.6 Das Gesetz der Resonanz

Alle Materie, ob Lebewesen, Metalle, Luft, Wasser oder Sonstiges, schwingen mit einer bestimmten Frequenz.

Das Gesetz der Resonanz besagt, wenn zwei Dinge mit der gleichen Frequenz schwingen, sich diese gegenseitig aufschaukeln, verstärken.

Durch eine solche Resonanz stürzte z.B. 1940 die Tacoma Narrows Bridge im US-Bundesstaat Washington kurz nach ihrer Eröffnung ein. Resonanz zwischen der Windgeschwindigkeit und der Eigenschwingung des Materials der Brücke. Im Internet können Sie viele Beiträge, Bilder und Filme darüber einsehen.

In der Elektrotechnik werden solche Resonanzen bewußt erzeugt und zur Verstärkung herangezogen.

Für unser Thema, die Wunscherfüllung vergleiche ich diese Resonanz ebenfalls mit der Anziehung dessen was wir denkend aussenden. Wie beim Thema Aktion=Reaktion geraten durch die Resonanz unsere Gedanken mit jeder Materie die wir uns wünschen, weil sie mit gleicher Frequenz schwingt, in Resonanz. Das bedeutet, wenn wir die gleiche Gedankenfrequenz haben wie Das was wir uns wünschen, dann treten die Resultate als Ursache unserer Gedanken verstärkt auf. Wir ziehen somit die Dinge magisch an, welche wir erreichen wollen, bewußt oder unbewußt. Materielle Dinge wie auch gleich denkende Menschen.

Heute bin ich auch davon überzeugt, dass Naturkatastrophen deshalb immer schlimmer werden, weil immer mehr Menschen das Schlimmste denken und weil sie durch die Medieneinflüsse und bisherigen Ereignisse immer negativer denken.

Ein Beispiel soll dies verdeutlichen. Wenn ich ständig z.B. an ein Gartenhaus denke, das ich mir wünsche, dann werde ich automatisch viel öfter auf Anzeigen in der Zeitung treffen, wo Gartenhäuser angeboten werden. Ich werde in jedem Baumarkt automatisch die Gartenhausabteilung anstreben usw.

Dies ist natürlich mit allem Anderen genau so. Wenn ich mich Heute immer wieder über die Unordnung meines Partners im Badezimmer oder wo auch immer ärgere, dann werden sich diese Eigenschaften immer mehr verstärken.

Ich hoffe Sie verstehen was ich damit sagen will.

Um das Gesetz der Resonanz zu unseren Gunsten zu verwenden, lernen wir aus unseren früheren guten wie schlechten Tatsachen und denken uns das Ganze im positiven Sinne.

Wir stellen uns die Situation so vor wie wir sie gerne haben. Auf keinen Fall aber wie wir sie gerne nicht haben. „*Nicht*" kennt das Universum nicht.

Wenn Sie sich nun also von Ihrem Partner wünschen, dass er gut und gerne Tennis spielt, dann denken Sie daran, wie viel Spaß Sie mit Ihrem Partner beim Tennisspielen haben oder an frühere gute Tennispartner und nicht daran, wie ungeschickt er sich bisher beim Tennisspielen angestellt und wie ungern er Sie begleitet hat.

Wenn Sie gerne Schuldenfrei sein wollen, dann denken Sie nicht die ganze Zeit an Ihre Schulden sondern denken Sie sich Ihr Konto im Haben und an Dinge, die Sie gerne mit Ihrem Geld machen.

Sie sehen, es kommt auf viele Kleinigkeiten an und vielleicht brauchen auch Sie mehrere Anläufe, bis sich Ihre Wünsche erfüllen. Durch das Gesetz der Resonanz reicht aber ein gesundes, positives Denken aus, das Sie mit täglicher Meditation über positives Denken problemlos erreichen können.

An dieser Stelle wollte ich nur darauf aufmerksam machen, dass es nicht ausreicht, sich einen besonderen Traum zu wünschen, sondern es in allen Lebensbereichen wichtig ist, positiv zu denken und handeln.

„Senden Sie positive Gedanken aus und schwingen Sie sich somit automatisch in Resonanz mit den Dingen die Sie sich wünschen."

Manfred Bogenschütz

1.7 Liebe alle und alles

Wie wir bereits zum Teil in vorangegangenen Kapiteln erfahren haben, ist die Liebe für ein Leben im Paradies Erde die wichtigste Voraussetzung. Dabei meine ich nicht nur die Liebe zum persönlichen Lebenspartner oder einzelner Personen und keinesfalls ist Liebe dabei zu verwechseln mit Sexualität.

Was ist Liebe? Im Internet und in der Literatur finden Sie unzählige Beschreibungen über Liebe. Aber was ist Liebe wirklich? Ein Wort, eine Bezeichnung für mehr als Freundschaft? Es ist wirklich nicht so einfach, Liebe zu beschreiben. Jeder darf sich deshalb selbst, mit seinem freien Willen, das vorstellen, wo er mit Freude und Dankbarkeit aus tiefstem Herzen einem Anderen ehrlich gegenüber treten kann.

Diese Liebe, welche aus tiefstem Inneren kommt, sollten Sie jederzeit allen Menschen, Tieren, Pflanzen und was es sonst in Ihrem Leben gibt, schenken. Durch diese von Ihnen ausgesendete Liebe manifestiert sich alles was Sie sich wünschen überproportional schneller und leichter. Und vor allem, wenn Sie mit Liebe einen Wunsch erfüllt haben wollen, kann es sich nur um positive Wünsche handeln. Ich kann mir kaum vorstellen, dass jemand, der Liebe aussendet, gleichzeitig negative Wünsche ans Universum stellt.

Wen sollten wir nun aber definitiv lieben?

Bei uns selbst müssen wir anfangen. Denn wenn wir uns selbst nicht lieben, wie sollen wir dann andere lieben oder wie können wir verlangen, dass andere uns lieben, wenn wir es selbst nicht einmal tun. Nach uns kommt dann der Lebenspartner, weil dies wohl die Person ist, mit der wir am meisten Zeit gemeinsam verbringen. Unsere Kinder, wenn wir welche haben. Unsere Eltern und Geschwister, Verwandte und Bekannte. Unsere Tiere und Pflanzen. Bis hierher ist es wohl nichts Neues, diese Personen werden mehr oder weniger von den meisten Menschen geliebt oder zumindest liebevolle Beachtung geschenkt.

Was aber nun kommt, ist für die Erfüllung unserer Wünsche und Ziele ein sehr bedeutsamer Schritt. Lieben Sie was sie sonst nicht geliebt haben oder vielleicht sogar gehasst haben. Den verärgerten Nachbarn, den Ex-Partner, den Gerichtsvollzieher, der vielleicht gestern vor der Tür stand und den Sie nicht herein lassen wollten, den Menschen der Ihnen Ihrer Meinung nach Böses angetan hat, das schlechte Wetter, denn auch dies hat seine guten Seiten, der Stau im Verkehr, usw. Kurzerhand, alle und alles.

Sie fragen sich vielleicht, was das soll? Warum soll ich das lieben, was ich bisher gehasst und verachtet habe? Weil damit Ihre negativen Gedanken verschwinden und Sie frei für positive Gedanken sind. Und was sind Ihre Gedanken? Wünsche, die sich alle erfüllen sollen. Und Sie wollen doch künftig auch nur noch positive Wünsche und dass diese schnellstmöglich in Erfüllung gehen.

Wenn Sie sich damit schwer tun, jemanden zu lieben, den Sie nicht so sehr gemocht haben, dann kann es Ihnen auch helfen, wenn Sie demjenigen verzeihen und vergeben und ihm Friede wünschen. Wenn Ihre Gedanken zu einem späteren Zeitpunkt wieder negativ auf diesen Menschen gerichtet sind, reicht es, ihm Friede zu senden. Es ist nicht erforderlich, immer wieder zu vergeben und zu verzeihen. Das Universum versteht es beim ersten Mal. Sagen Sie dann einfach *„Friede sei mit …“*.

Das Wichtigste, womit Sie verschwenderisch umgehen sollten, ist die Liebe. Vielleicht sind Sie sehr konservativ eingestellt und kontern jetzt, ich liebe meinen Partner und er soll auch nur mich lieben. Jesus soll gesagt haben: *„Liebe Deinen Nächsten wie Dich selbst“* und *„Du sollst nicht begehren Deines Nächsten Weib“*. Auch er hat zwischen Liebe und Sexualität unterschieden und wenn Sie ab heute an Liebe denken, sollten Sie dies nicht verwechseln.

Es liegt auch hier wieder ganz an Ihnen selbst, ob Sie Ihre Liebeseinstellung zum Positiven verändern oder nicht. Ich meine damit die uneingeschränkte, von Herzen kommende Liebe zu allen und allem.

Sie haben den freien Willen.

In meinem Buch „Glücklich Leben im Paradies Erde“ können Sie noch mehr über das wichtigste Thema im Leben *„Die Liebe“* lesen.

„Liebe und Dankbarkeit ist der Schlüssel zu Glücklichsein.“

Manfred Bogenschütz

1.8 Zusammenfassung des ersten Kapitels

In diesem ersten Kapitel wurden die Entstehung und die Hintergründe für dieses Buch erläutert. Der Autor hat sich mehrere Jahre mit dem Thema Partnerschaft, Liebe, der Macht unserer Gedanken, dem glücklichen Leben und dem Bestellen von Wünschen im Universum befasst und viele Erfahrungen durch die Umsetzung von seinen eigenen Gedanken in Wünsche ans Universum erlebt. Viele Wünsche konnte sich der Autor durch Bestellung im Universum immer erfüllen. Damit auch Andere ihr Leben positiv verändern können hat der Autor seine Erfahrungen und den Weg in Bezug auf Wunscherfüllungen in diesem Buch geschrieben. So entstand dieses Buch in der Serie „Liebes Universum" als Erweiterung eines speziellen Themas des ersten Buches von Manfred Bogenschütz „Glücklich Leben im Paradies Erde".

Wie dieses Buch gelesen und im alltäglichen Gebrauch angewendet werden kann, wurde dargestellt. Dieses Buch kann als Nachschlagewerk immer wieder benutzt und kann zur Vertiefung des gelernten immer wieder auszugsweise gelesen werden. Eigene Erfahrungen des Autors werden im weiteren Verlauf des Buches dargestellt und für den Leser zur Nachahmung empfohlen.

Der Autor nennt Jesus Christus als seinen Lehrmeister. Jesus Christus sei unabhängig jeglicher Religion zu betrachten und dessen Worte und Lehren so zu beherzigen, dass Gott in uns wohne. Alle Sätze von Jesus Christus können so interpretiert werden, dass wir Menschen die Kraft Gottes in uns haben und wir uns unsere Wünsche als kleine Wunder selbst erfüllen können.

Dazu auch das Thema *„Die Macht der Gedanken"*, welche uns Menschen zu riesigen Ereignissen bemächtigen. Unsere negativen Gedanken beeinflussen unsere negativen Ereignisse, unsere positiven Gedanken beeinflussen unsere positiven Ereignisse. Wir sollten es soweit bringen, dass wir nur noch positiv denken und handeln. Denn alles, was wir aussenden, kommt geballt und vielfach auf uns zurück. Dies ist vergleichbar mit dem Gesetz der Anziehung oder auch mit dem Gesetz von Aktion = Reaktion sowie der Resonanz, welche wir alle aus der Physik kennen.

Aktion = Reaktion zeigt auf, dass alles, was wir aussenden, auf uns zurückkommt. Sei es Hass, sei es Liebe. Sei es Reichtum, sei es Armut. Alles was wir säen, ernten wir auch, nicht mehr und nicht weniger.

Das Gesetz der Resonanz ist vergleichbar den Frequenzen in der Physik, im Leben die geballte Zusammenkunft gleicher Gedanken bzw. unserer

Gedanken mit der Frequenz der Materie, welche wir uns wünschen. Diese Gedanken schwingen sich durch die gleiche Frequenz gegenseitig hoch und ziehen sich somit magisch an.

Die Liebe ist das Wichtigste in unserem Leben. Durch die Liebe senden wir automatisch positive Gedanken und somit positive Wünsche ins Universum. Liebe vernichtet Hass und damit werden alle negativen Wünsche in positive Wünsche verwandelt. Liebe soll dabei nicht mit Sexualität verwechselt werden. Liebet alle und alles. *„Liebe Deinen Nächsten wie Dich selbst"*, hatte Jesus Christus bereits vor 2000 Jahren gesagt. Also sollten wir bei uns selbst anfangen. Wenn wir uns selbst lieben, sind wir auch würdig, von anderen geliebt zu werden, und es wird geschehen. *„Auch Deine Feinde sollst Du lieben"*, hatte Jesus Christus gesagt. Eine sehr wichtige Aussage, denn wenn Sie Ihre Feinde lieben, hassen Sie auch niemanden mehr und alles Glück der Erde steht Ihnen zur Verfügung.

Wie dies alles vor sich geht und wie die Gesetzmäßigkeiten im Allgemeinen funktionieren sowie der Vergleich dieser Gesetze mit unserem Leben, wurde in diesem Kapitel vorgestellt, und wird durch Erfahrungen des Autors untermauert.

"Wenn Du Morgen etwas Anderes willst als Heute musst Du Heute etwas Anderes bestellen als Gestern. Senden wir also Heute positive Gedanken für Morgen."

Manfred Bogenschütz.

2 Ganzheitlich glücklich Leben

Wie die Überschrift dieses Kapitels zeigt, beschäftigen wir uns mit diesem Buch nicht nur mit speziellen Wünschen sondern für ein ganzheitlich glückliches Leben.

Ohne ein ganzheitlich glückliches Leben können wir nur bedingt eine positive Gedanken aussenden.

Wir verbringen sehr viel Zeit unseres Lebens am Arbeitsplatz und da wollen wir doch nicht schon am Montag den Freitagnachmittag suchen. Wie wir uns am Arbeitsplatz bzw. mit unserer Beschäftigung wohl fühlen und wir auch unsere Kollegen und Mitarbeiter motivieren können, diesem Thema wird ein eigenes Unterkapitel zugeordnet.

Aber zunächst gehen wir in diesem Kapitel auf unser Umfeld ein. Dabei spielt natürlich unsere Partnerschaft eine große Rolle, denn dies ist im Normalfall die Person, mit der wir die meiste Zeit unseres Lebens verbringen. Die Familie ist neben dem Partner die nächstliegende Gemeinschaft, welcher wir sehr viel Aufmerksamkeit und Liebe schenken.

Aber auch das gesamte weitere Umfeld, die Bekannten, Freunde, die Tierwelt, die Pflanzen und was sonst so alles um uns herum ist, ist ein wichtiger Bestandteil unseres Lebens.

Wenn wir uns mit unserem glücklichen Leben beschäftigen, gilt es, alle und alles zu lieben, zu akzeptieren, wie es ist, und dankbar für alle und alles, was uns umgibt, zu sein.

Würden Kriege, Morde und sonstige Gewalt auf unserer Erde herrschen, wenn wir alle nur noch mit Liebe und Dankbarkeit durchs Leben gingen? Sie werden vielleicht einwenden, aber ich kann doch nicht für alle die Verantwortung übernehmen. Das müssen Sie auch nicht. Beginnen Sie bei sich und die Welt wird sich um Sie herum ändern. Die Anderen sind für sich selbst verantwortlich.

Wenn Sie erst einmal nur noch positiv denken und handeln, dann ziehen Sie Gewalt auch nicht mehr an und Sie werden von Gewalt verschont. Lassen Sie auch Neid, Hass oder was Sie denken, was andere an Ihnen auszusetzen haben, nicht mehr an sich heran. Sie wissen ja, alles was sie Denken kommt geballt auf Sie zurück. Es geschieht nach Ihrem freien Willen.

Nun aber zum ersten Unterthema aus diesem Kapitel, der Partnerschaft…

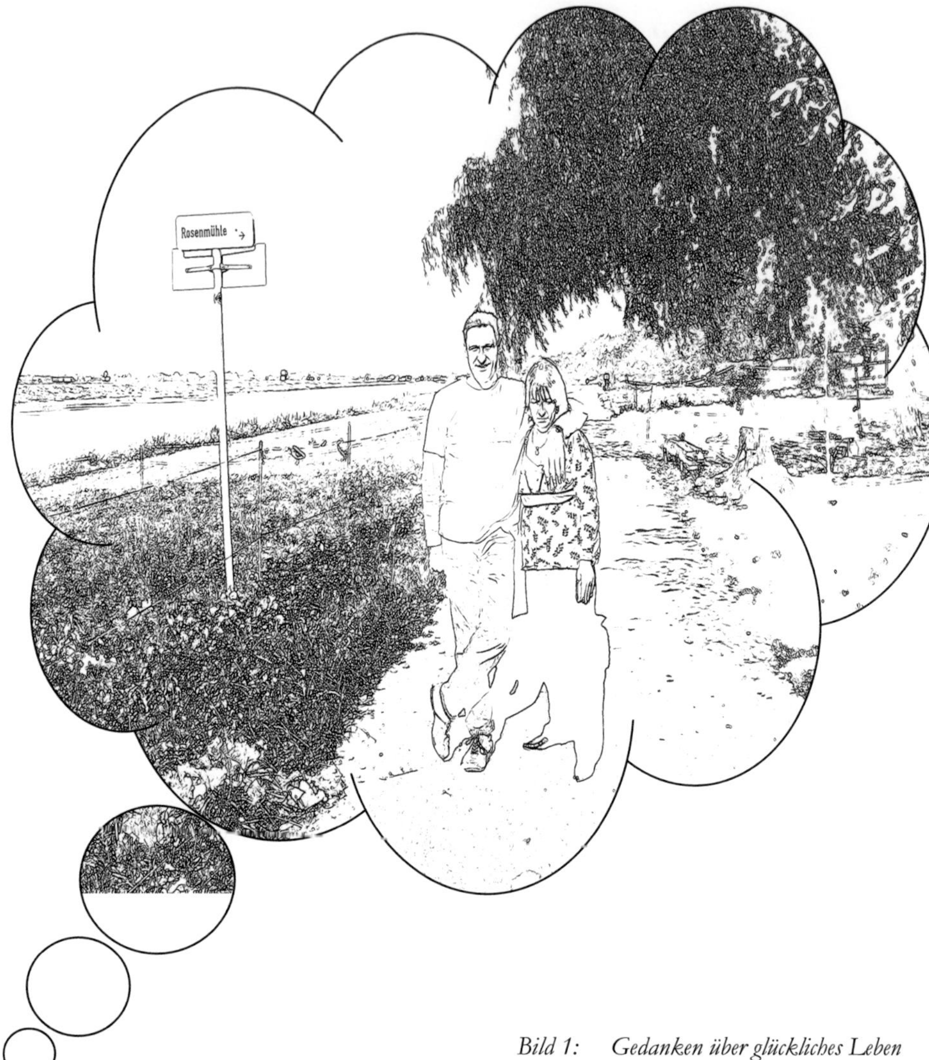

Bild 1: Gedanken über glückliches Leben

„Denken Sie sich ganzheitlich glücklich!“

Manfred Bogenschuetz

2.1 Die Partnerschaft

Die Partnerschaft zwischen Menschen ist die wohl engste Verbindung, welche Menschen durch ihren freien Willen eingehen.

Partnerschaften können von sehr glücklich bis sehr unglücklich sein, was wünschen Sie sich?

Es gibt natürlich viele Arten von Partnerschaften, aber beginnen wir mit der Partnerschaft als Lebensgemeinschaft. Auch hier gilt natürlich, die Menschen sind das, was wir von ihnen denken. Wenn Sie Probleme mit Ihrem Partner hatten oder er in verschiedenen Dingen nicht so war, wie Sie es gerne gehabt hätten, dann stellen Sie Ihr Denken um. Erfahren Sie dabei die Macht, welche in Ihrem Gedanken steckt.

Im Verlauf der Zeit verändert sich die Verliebtheit in Gewohnheit, was für viele Menschen schon ein Problem darstellt. Am Anfang einer Liebesbeziehung sehen die meisten Menschen nur die schönen Seiten ihres Partners und die negativen Eigenschaften werden übersehen. Im Laufe der Zeit tauchen dann immer mehr kleine Fehler des Partners auf und bereits die kleinsten Fehler, welche der Partner angeblich hat, werden zu riesigen Fehler, vor allem wenn diese sich häufen. Aber das ist völlig unnötig. Denn die Fehler sind nur Fehler in Ihrem Sinne. Wenn diese Fehler auch Fehler im Sinne Ihres Gegenübers wären, dann würden diese erst gar nicht gemacht werden. Wer macht schon gerne Fehler?

Was also spielt sich hier ab? Wir alle sind Individuen, d.h. jeder von uns ist einzigartig und anders als Andere. Was für den Einen richtig ist, ist für Andere vielleicht falsch. Was der Eine als unnötig ansieht, ist für den Anderen lebensnotwendig. Was ich liebe, hasst vielleicht ein anderer Mensch. Wir können es niemals jedem richtig machen, egal, was wir tun. Auch mit diesem Buch gibt es sicher viele Menschen, welche Ihr Leben sehr positiv verändern, Licht werden oder durch ihre positive Gedankenveränderung ab sofort nur noch glücklich leben. Andere wiederum werden über dieses Buch lachen, nichts mit der Materie anfangen können, nach bereits ein paar Seiten das Buch weglegen oder es erst gar nicht kaufen, weil sie nicht glauben, dass das, was ich hier schreibe und selbst erlebt habe, der Wirklichkeit entspricht und auch Ihr Leben positiv verändern könne. Egal, was Sie tun oder wie Sie sich verhalten, Sie können es niemals Jedem recht machen.

Was können wir nun dazu beitragen, dass wir unseren Partner immer so lieben können, wie er ist? Ganz einfach, wir akzeptieren ihn genau so, wie er ist, mit all seinen angeblich negativen Seiten. Denken Sie stets an die für Sie positiven Seiten Ihres Partners und danken Sie dem Universum täglich für alles, was Ihnen an Ihrem Partner besonders gefällt. Sie können auch Ihre Wünsche, wie Sie Ihren Partner gerne hätten, so ins Universum stellen, als ob er bereits so wäre und dann davon loslassen und die Situation so akzeptieren, wie sie gerade ist. Sie werden staunen, was für eine Wirkung Sie damit erzielen. Probieren Sie es aus, es kostet Sie kein Geld, nur ein paar positive Gedanken. Viel Glück!

Warum wird oft aus Liebe Hass? Liebe und Hass liegen sehr nah beieinander. Liebe entsteht durch positive Gedanken, meist verbunden mit Dankbarkeit, Freude, Spaß, Lachen usw. Hass entsteht durch negative Gedanken, meist verbunden mit Neid, Leid, Undankbarkeit usw. Oft entsteht Hass aus vorausgegangener Liebe. Vielleicht wurden wir enttäuscht, aber haben wir nicht auch unseren Beitrag dazu geleistet?

Um ein glückliches Leben mit unserem Partner zu leben, müssen wir also immer an uns arbeiten, nicht am Partner. Unsere Gedanken sind entscheidend. Wenn wir immer so von unserem Partner denken, wie wir zu Beginn der Partnerschaft von unserem Partner gedacht haben, wird auch die Liebe zu unserem Partner immer so sein, wie sie zu Beginn war.

Die berufliche Partnerschaft ist zwar nicht so eng und intim wie die Lebensgemeinschaft, aber auch sie ist ein wichtiger Bestandteil unseres Lebens. Wenn wir in der beruflichen Partnerschaft nicht glücklich sind, dann zieht es oft finanzielle Verluste nach sich. Deshalb ist es auch hier wichtig, nur noch positive Gedanken zu haben. Wer denkt, dass er von seinem Partner übers Ohr gehauen wird, dem wird auch so geschehen. Wer denkt, dass sein Partner ehrlich und vertrauensvoll ist, der hat die besten Voraussetzungen, dass eine gute geschäftliche Beziehung herrscht. Achten Sie deshalb bereits bevor Sie eine berufliche Partnerschaft eingehen, auf Ihr Bauchgefühl. Nur wenn absolut gegenseitiges Vertrauen vorliegt, sollten Sie eine solche Beziehung beginnen. Jegliche Zweifel müssen Sie ausschließen oder Sie von einer beruflichen Bindung abhalten.

Wenn Sie Single sind und mehr über die Bestellung eines neuen Partners im Universum erfahren möchten, empfehle ich Ihnen mein Buch aus dieser Serie *„Liebes Universum“* mit dem Titel *„Wie finde ich meinen passenden Lebenspartner“*.

Wenn Sie Ihre bestehende Beziehung verbessern wollen und mehr über die positive Veränderung erfahren möchten, empfehle ich Ihnen mein Buch aus dieser Serie *„Liebes Universum“* mit dem Titel *„Ich verbessere Jetzt und Heute meine Beziehung“*.

2.2 Familie, Freunde und der Rest der Welt

Die Familie, Kinder, Eltern und Geschwister gehören neben dem Lebenspartner zum engsten Kreis eines jeden von uns. Um auch hier Positives zu erfahren, müssen wir Positives aussenden, was ohnehin für alle und alles wichtig ist.

Unsere Kinder sollten wir ermutigen, dass das was sie machen gut ist, und wenn uns das eine oder andere nicht besonders gefällt, es möglichst zu akzeptieren, ohne zu fördern, als immer dagegen an zu gehen. Wir kennen es vielleicht aus unserer Kindheit. *„Das kannst Du nicht, das darfst Du nicht, Dies ist schlecht und Jenes macht Dich krank, usw."* So wurden wir von negativen Gedanken geprägt. Außerdem macht Kindern meist das, was man nicht darf, ohnehin mehr Spaß. Kinder sind mit guten Gedanken geboren und diese müssen wir als Erwachsene fördern. Halten Sie Ihre Kinder fern von negativen Einflüssen und Gedanken, aber ohne diese ständig auszusprechen. Je mehr der Mensch mit negativen Worten suggeriert wird, desto mehr wird sein Unterbewusstsein negativ geprägt. Lachen Sie mit Ihren Kindern und lernen Sie von der Ehrlichkeit und unvoreingenommenen Aktivitäten der Kinder. Sie können natürlich nur die Einflüsse im eigenen Zuhause positiv beeinflussen. Was lernen die Kinder im Kindergarten, in der Schule usw. als Erstes? Schimpfwörter und Gaunereien von den anderen Kindern. Akzeptieren und ignorieren Sie diese einfach und wünschen Sie sich in Gedanken Liebe, Friede und Dankbarkeit. Je weniger Sie dagegen rebellieren, desto schneller werden diese Schimpfwörter und Gaunereien langweilig und abgelegt.

Unsere Eltern sind durch die langjährigen negativen Einflüsse natürlich nicht mehr so einfach zum positiven Denken zu verändern, es sei denn, dass sie sich wie wir selbst mit dem Thema *„Glückliches Leben"* und *„Die Macht unserer Gedanken"* befassen. Am besten leben Sie ihnen dann einfach Ihr positives Leben beispielhaft vor, zeigen ihnen Ihre Erfolge, welche Sie ab heute erzielen. Zeigen Sie ihnen auch alle negativen Erfahrungen, welche Sie sicher in Ihrem Lernprozess machen werden und aus früheren Zeiten nachvollziehen können. Ich hoffe für Sie, dass es Ihnen gelingt, auch Ihre Eltern auf den richtigen, positiven Weg zu führen. Denken Sie auch hierbei stets positiv über die positive Entwicklung Ihrer Eltern, auch wenn es anfangs schwierig erscheint. Wir alle, auch Ihre Eltern, haben die Göttlichkeit in uns. Wir müssen sie nur wecken.

Dasselbe gilt für Ihre Geschwister, Verwandten, Bekannte und Freunde sowie den Rest der Welt. Leben Sie es ihnen vor. Seien Sie Vorbild.

Anfangs erklärt man Sie vielleicht für verrückt, wenn Sie zuviel von Gott und der Kraft der Gedanken erzählen. Was musste ich mir alles anhören. *„Lass mich in Ruhe mit Deinem Gott"* und *„Warum hilft er mir nicht, wenn…"* usw. Die meisten Menschen suchen Gott immer nur, wenn es ihnen schlecht geht und dann hilft er ihnen nicht. Ist doch klar. Wenn es ihnen schlecht geht ist dies mit deren schlechten Gedanken hervorgerufen worden und ganz nach Ihrem freien Willen als Wunsch in Erfüllung gegangen. Gott hat ihnen geholfen, aber nur so, wie sie es sich gewünscht haben. Fast jeder von uns hat all dies schon erlebt, meist unbewusst. Ich möchte Sie dazu ermutigen, Ihr bisheriges Leben mit den Erkenntnissen aus diesem Buch nachzuvollziehen. Vielleicht können Sie in ein paar Tagen, Monaten oder schon jetzt erkennen, was Sie sich durch Ihre Gedanken alles Positives und Negatives angetan haben. Ich kann vieles heute nachvollziehen und deshalb schreibe ich Bücher über meine Erfahrungen, da ich dadurch vielen Menschen helfen kann, auch Ihr Leben durch positives Denken zu verbessern. Möge es Ihnen auf Ihrem Weg zu einem glücklichen Leben helfen.

Lassen Sie sich nicht von negativen Gedanken und Einflüssen anderer Menschen entmutigen. Sie haben Ihre Gedanken und handeln nach Ihrem freien Willen und sind einzig und allein für sich selbst verantwortlich. Die Anderen sind für sich verantwortlich.

Schenken Sie sich selbst und allen Menschen dieser Erde, ob Partner, Verwandte, Freunde, Bekannte, sowie allen, die Sie nicht kennen, und vor allem Ihren Feinden Liebe, Dankbarkeit und Freude.

„Lächeln Sie in den Spiegel oder Menschen an wenn Sie ein lächeln zurück bekommen möchten."

Manfred Bogenschütz

2.3 Tiere und Pflanzen

Wer Tiere und Pflanzen nicht mag, mag sich selbst nicht. Das muß ich immer wieder denken, wenn ich auf Menschen treffe, welche Tiere und Pflanzen nicht mögen, sie Tiere verjagen, welche ihr Grundstück betreten, sie schlagen oder gar aus Spaß ermorden.

Tiere und Pflanzen sind Lebewesen wie wir Menschen auch. Und auch hier gilt, was wir aussenden, kommt auf uns zurück. Wenn wir also Tieren unsere Liebe schenken, erfüllen sich unsere positiven Wünsche leichter und schneller.

Dasselbe gilt für Pflanzen. Starten Sie einmal folgenden Test. Nehmen Sie zwei völlig gleiche Pflanzen, dann nehmen Sie zwei Wassergefäße und befüllen diese mit Wasser. Dann schreiben Sie auf einen der Behälter *„Liebe und Gesundheit"* und auf den anderen Behälter *„Hass und Krankheit"*. Lassen Sie beide Behälter mit dem befüllten Wasser einen Tag stehen. Am nächsten Tag gießen Sie mit einem Wasserbehälter die eine Pflanze und mit dem anderen Behälter die andere Pflanze. Das ganze wiederholen Sie mehrere Tage, bis Sie eine Veränderung der Pflanzen feststellen. Verwechseln Sie dabei die Wassergefäße nicht. Sie werden erstaunt sein, wie sich die Pflanzen, welche mit dem Wasser aus dem Behälter mit der Aufschrift *„Liebe und Gesundheit"* positiver verändern als die Pflanzen, welche aus dem Behälter mit der Aufschrift *„Hass und Krankheit"* begossen wurden. Testen Sie es! Der Versuch kostet Sie nichts, außer einer traurigen Pflanze. Diese können Sie ja anschließend wieder mit dem *„liebevollen Wasser"* aufmuntern.

Vielleicht haben Sie bereits ähnliche Erfahrungen mit Pflanzen gemacht, indem sich Pflanzen, denen Sie mit viel Liebe begegnet sind oder gar mit Ihnen gesprochen haben, prächtig entwickelt haben.

Im Handel erhältlich sind sogar Musik-CD's, welche ausschließlich für Pflanzen und Tiere erstellt wurden. Ich habe eine solche CD. Im Internet finden Sie sicher eine, wenn Sie sich dafür interessieren.

Nun wieder zu den Tieren. Viele Menschen haben ein Haustier. Vielleicht haben auch Sie welche. Wir besitzen einen Hund, drei Katzen und mehrere hundert Fische im Aquarium und im Gartenteich. Täglich können wir uns an den Tieren erfreuen und auch sie schenken uns viel Liebe, Freude und Dankbarkeit.

Was aber ist mit den Tieren, welche zum Verzehr gezüchtet und geschlachtet werden. Diesbezüglich gibt es viele unterschiedliche Meinungen. Selbst unter den Vegetariern unter uns teilen sich die Meinungen. Die einen essen kein Wild, die anderen kein Schwein, wiederum Andere essen zwar kein Fleisch, aber dafür Fisch.

Ich bin kein Vegetarier. Für mich sind Tiere und Pflanzen gleichermaßen Lebewesen und somit dürfte ich gar nichts essen. Von Natur aus aber muss jeder Mensch, jedes Tier und jede Pflanze Nahrung zu sich nehmen. In der Natur jagen sich die Tiere und fressen andere Tiere und Pflanzen.

Früher waren die Menschen Jäger und Sammler, heute züchten wir die Tiere zu Nahrungszwecken, wo liegt der Unterschied. Natürlich tun mir die Tiere und Pflanzen leid, aber auch ich unterliege den Naturgesetzen und somit ernähre ich mich von dem, was mir schmeckt. Von Tieren, welche nicht artgerecht gehalten oder qualvoll getötet werden und vom Aussterben bedrohten Tieren und Pflanzen nehme ich allerdings Abstand.

Ich akzeptiere auch alle andersdenkenden Menschen, welche aus welchen Gründen auch immer, religiöser oder ethischer Gründe zum Beispiel, ihre Interessen vertreten. Leider kann man es ohnehin nicht Jedem recht machen.

Jesus hat bei der Bergpredigt gesagt: *„Sehet die Lilien…"*. Wir sollten uns an der Pracht der Pflanzen und Tiere erfreuen. Die Natur gibt uns außerdem für alle technischen Fragen Antworten. Die Natur weiß am besten, wie alles funktioniert. Hubschrauber wurden nach den Erkenntnissen aus der Hummel entwickelt. Architekten nehmen sich oft Beispiele an den Pflanzen, weshalb wir immer wieder Bauwerke entdecken, welche wir kaum für möglich halten. Diese sind meist statisch berechnet, wie die Pflanzen sich verhalten.

Wir können von der Natur noch vieles lernen und tun dies auch in der Weiterentwicklung, sowohl menschlich als auch technisch. Wir sollten aber auch dafür sorgen, dass unserer Umwelt so wenig wie möglich Schaden zugefügt wird. Ich hoffe, dass wir Menschen auch diesbezüglich aufwachen und unsere Umwelt schonender behandeln.

Auch ich fahre mit dem Auto, jedoch versuche ich sparsam mit Abgasen umzugehen indem ich eine ruhige Fahrweise habe, ein Fahrzeug mit wenig Benzinverbrauch fahre und möglichst meine Fahrten sinnvoll plane.

Unsere Tiere und Pflanzen sind es wert, geschont, gepflegt, geliebt und geachtet zu werden.

Alles, was wir dazu beitragen, kommt auch hier geballt in Form von Aktion = Reaktion auf uns zurück.

2.4 Sport und Freizeit

Sport und Freizeit sind für ein glückliches Leben Faktoren, die zum Ausgleich der täglichen Pflichten für jeden Menschen wichtig sind. Jeder von uns hat seine eigenen Vorstellungen von Sport und Freizeit. Es ist auch gut so, dass jeder Mensch ein Individuum ist und Jeder andere Interessen und Neigungen hat und diese sich auch immer wieder verändern und anpassen. Man stelle sich nur vor, was passieren würde, wenn alle Menschen zum gleichen Zeitpunkt die gleichen Reiseziele und Sehenswürdigkeiten besuchen wollten. Oder wenn alle zur gleichen Zeit in dasselbe Fitness-Studio oder im selben Verein trainieren wollten. Unvorstellbares Chaos wäre die Folge. Überfüllung da, leere Veranstaltungen an anderer Stelle. Es ist schon gut verteilt, wie es ist.

Warum dieser Vorspann? Weil ich sicher andere Interessen, Wünsche, Ziele und Neigungen habe als Sie. Was ich gerne mache, spielt deshalb keine Rolle. Wichtig ist nur, dass wir unsere Interessen in Bezug auf Sport und Freizeit pflegen und möglichst in unsere private Zeitplanung fest integrieren.

Warum fest integrieren? Weil wir uns sonst immer wieder durch unsere Alltagspflichten davon abbringen lassen und dies unserem Wohlbefinden schadet.

Ich spreche da von meinen Erfahrungen, aber Sie können mir sicher mit Ihren Erfahrungen zustimmen.

Wenn ich zum Beispiel meine täglichen Übungsminuten, welche ich mit Meditation, Thai Chi, Qi Gong, Yoga usw. durchführen will und nicht planmäßig unterbringe, dann geraten sie stetig mehr und mehr zu vernachlässigen. Genauso ist es mit Tanzen, Badminton spielen, Thermalbad- und Saunabesuchen, alles was ich gerne in meiner Freizeit mache.

Die Pflicht ruft. Aber das Leben darf nicht zu einer einzigen Pflicht werden. Wir benötigen den Ausgleich, Entspannung vom Alltag. Nur dann sind wir ausgeglichen, haben Freude am Leben und können unser glückliches Leben genießen.

Machen Sie das, was Ihnen Spaß macht, aber machen Sie es, Heute, immer wieder Heute, Morgen kommt nie.

Bewegen Sie sich, tun Sie sich täglich etwas Gutes. Und wenn Sie mit Meditation und Entspannung noch nicht viel zu tun haben, empfehle ich Ihnen auch hier ein wenig aktiv zu werden.

Sie können zur Meditation und Entspannung auch eine meiner Entspannungs-CD's einsetzen, welche ich im Anhang dieses Buches kurz vorstelle. In jedem Fall aber sollten Sie, wenn Sie sich neu mit dem Thema *„Die Macht unserer Gedanken"* befassen, worüber ich hier vieles schreibe, täglich mit Ihren Gedanken befassen, damit Sie künftig nur noch positiv denken. Mehr als 30 eigene Erfahrungen von mir, wie ich mein Leben positiv verändert habe, sind in meinem Buch „Glücklich Leben im Paradies Erde" ausführlich beschrieben. Sie werden, wenn dieses Thema neu für Sie ist, am Anfang erst einmal erschrecken, wie viele negative Gedanken uns den ganzen Tag über begleiten. Aber diese verschwinden zunehmend, wenn Sie sich täglich für Ihr positives Denken bemühen.

Nutzen Sie möglichst viel Zeit, um die Natur zu genießen. Der Mensch befindet sich viel zu viel in Gebäuden. Am Arbeitsplatz, in der Wohnung, in Veranstaltungsräumen und Gaststätten. Nutzen Sie die Kraft der Sonne und des natürlichen Lichtes. Tanken Sie Ihren Energiespeicher durch die Atmung frischer Luft in unserer Mutter Natur. Das stärkt Ihr Immunsystem und schenkt Ihnen Freiheit und Gesundheit.

So, nun wünsche ich Ihnen bei Ihrer Freizeit und bei Ihren sportlichen Aktivitäten viel Freude. Legen Sie das Buch doch einfach mal zur Seite und bewegen Sie sich. Vielleicht auch nur ein paar Streckübungen oder mit langsamen, kontrollierten Bewegungen nach Thai Chi, Yoga oder Ähnlichem, um Ihre Energie und Konzentration zu stärken. Meditieren Sie doch ein wenig über das bisher Gelesene. Das Buch läuft Ihnen nicht davon.

„Gönnen Sie sich eine Pause, vielleicht mit Meditation und Bewegungsübungen. Das tut Ihrer Seele und Ihrem Wohlbefinden gut."

Manfred Bogenschütz

2.5 Die Arbeit muß Spaß machen

Nun gehen wir mit Spaß und Freude an die Arbeit.

Ich selbst habe bisher ein abwechslungsreiches, interessantes Arbeitsleben hinter mir. Ich war in verschiedenen Branchen selbstständig, war aber auch viele Jahre im Angestelltenverhältnis tätig. Ich lernte in diesen etwa nun 25 Arbeitsjahren viele Menschen kennen, die bereits am Montagmorgen den Freitag Feierabend gesucht haben, weil sie mit ihrem Job unzufrieden sind. Ich habe aber auch hoch motivierte Mitarbeiter angetroffen.

Ich selbst kann einen Job, welcher mir keinen Spaß macht, über eine längere Zeit nicht täglich ausüben. Entweder ich arbeite mit Freude oder ich wechsle meinen Arbeitsplatz. Dasselbe natürlich auch bei Selbstständigkeit. Wenn mir die Tätigkeit keinen Spaß mehr macht, muss ich mich verändern. Und das ist gut so. Wenn wir uns dem widmen, was uns Freude bereitet und uns glücklich macht, leisten wir überproportional viel mehr.

Wenn Sie eine unselbstständige Tätigkeit ausüben, sorgen Sie dafür, dass es Ihnen an Ihrem Arbeitsplatz gefällt. Reden Sie mit Ihren Vorgesetzten, ich hoffe diese sind Führungskräfte, über Ihre Wünsche und persönlichen sowie beruflichen Ziele. Jedes Unternehmen hat ebenfalls Ziele und jede Führungskraft wird bei sachlicher Unterredung ebenfalls ein gemeinsames Ziel anstreben. Führungskräfte wissen, dass der Mensch die wichtigste Ressource ihres Unternehmens ist.

Der Unterschied zwischen Vorgesetzten und Führungskräfte ist folgendermaßen. Vorgesetzte wurden vorgesetzt, haben zu wenig Erfahrung und Ausbildung, als dass sie mit Menschen umgehen können. Oft haben sie Angst davor, dass ihre Mitarbeiter sie in ihrer Karrierelaufbahn überholen könnten und halten deshalb ihre Mitarbeiter möglichst an der kurzen Leine. Führungskräfte können mit Menschen umgehen, motivieren und fördern ihre Mitarbeiter. Sie sind sogar bereit, ihre Mitarbeiter in der Karriere weiter zu bringen als sich selbst, also jeden so zu fördern, wie sich Möglichkeiten bieten. Eine solche Führungskraft wird auch nie ihren Arbeitsplatz fürchten müssen, denn wenn aus dieser Führungsebene gute Mitarbeiter aufgezogen werden, ist auch die ganze Linie produktiver.

Leider gibt es in unserer Wirtschaft mehr Vorgesetzte als Führungskräfte. Deshalb habe auch ich meinen Job als Ingenieur aufgegeben, weil ich mit den Vorgesetzten nicht mehr klar gekommen bin. Ich habe mein letztes Unternehmen verlassen, weil sich das Betriebsklima in den letzten Jahren von sehr gut bis sehr schlecht gewandelt hat. Wir hatten auch fast ausschließlich Vorgesetzte. In den beiden letzten Jahren, bevor ich das Unternehmen verließ, war die Krankenquote der Mitarbeiter enorm gestiegen und die Fluktuation lag bei mindestens 25 Prozent.

Ich möchte viel lieber mit Menschen, welche Herz und Verstand haben, zusammenarbeiten und dies kann ich bei meiner Arbeit als Spezialist für glücklich Leben und Arbeiten tun. Zu meinen Veranstaltungen kommen kaum Vorgesetzte, denn diese sind so von sich überzeugt, dass sie keine Zusammenarbeit mit mir benötigen. Zu mir kommen Privatpersonen mit liebevollem Herz sowie Führungskräfte und Unternehmer, welche Ihr Unternehmen menschlich weiterbringen möchten und das ist einfach toll.

Was aber tun, wenn keine gemeinsamen Ziele gefunden werden? Dann sind Sie fehl am Platz. Machen Sie sich Gedanken, ob Sie ab heute mit Freude Ihre Arbeit angehen können oder ob Sie die Stelle wechseln. Wenn Sie den Job behalten, dann stellen Sie Ihren Wunsch, wie Sie die Stelle gerne weiterführen wollen, ins Universum, lassen dann von allem los und akzeptieren die Situation uneingeschränkt so, wie sie aktuell ist.

Bevor Sie Ihre Stelle wechseln, müssen Sie sich über Ihre Interessen und beruflichen Ziele Gedanken machen. Was wollen Sie wirklich? Am besten ist es, wenn Sie Ihr Hobby zum Beruf machen können. Was für Möglichkeiten bieten Ihnen Ihre Hobbies? Was Sie in Ihrer Freizeit gerne machen, machen Sie auch beruflich gerne.

Wenn Sie selbstständig sind, ist es wichtig, dass Ihr Unternehmen Gewinne erzielt. Ich kenne viele Betriebe, welche Aufträge weit unter Kostendeckung annehmen, nur damit sie Arbeit haben. Hören Sie damit auf. Spezialisieren Sie sich mit einem Thema, was Ihnen Gewinn bringt und vor allem Ihnen Freude bereitet. Sie werden für das bezahlt, was Sie Wert sind.

Ich habe mein Hobby zum Beruf gemacht und fahre sehr gut damit.

Wer mit Freude arbeitet, ist glücklicher, effektiver, gesünder und zufriedener. Dies wirkt sich nicht nur am Arbeitsplatz, sondern in allen Lebenslagen aus. Wer im Berufsleben zufrieden ist, der ist auch sonst freier, glücklicher und zufriedener.

Ich wünsche auch Ihnen alles Gute bei der Umsetzung Ihrer beruflichen Ziele.

Wenn Sie mehr über das Thema *„Spaß an der Arbeit“* erfahren möchten, empfehle ich Ihnen mein Buch aus dieser Serie *„Liebes Universum“* mit dem Titel *„Meine Arbeit soll Spaß machen“*.

2.6 Lerne täglich dazu

Wenn wir an Reinkarnation glauben, haben wir uns dieses Leben ausgesucht, um auf unserem Weg im unsterblichen ewigen Leben etwas dazu zu lernen. So ist das Leben. Wir kommen und gehen und dazwischen lernen wir auf unserem irdischen Leben.

Wir lernen jeden Tag etwas Neues hinzu. Vieles durch Erfahrungen, also durch unbewusstes Lernen. Durch das bewusste Lernen, was ich unter Seminaren, Sachbüchern, Informationssendungen, Vorträgen usw. verstehe, lernen wir effektiver und mit weniger Fehlern, als wenn wir nur abwarten, was wohl Morgen geschieht.

Wenn ich an meine Kindheit zurückdenke, da war ich zu faul zum Lesen. Ich habe das Lesen und die ständige Weiterbildung erst im Alter von etwa 28 Jahren entdeckt. Meine Schulausbildungen habe ich ohne Lernen mit sehr guten Abschlüssen absolviert. Nach meiner Scheidung im Jahr 1991 habe ich begonnen, Bücher über Partnerschaft und Liebe zu lesen. Während meines Studiums, welches ich als Umschulung erst mit 30 Jahren begann, habe ich viele Zusatzausbildungen besucht. Ich begann aufzuwachen und seither besuche ich immer wieder Seminare, Vorträge, und vor allem lese ich viele Bücher. So kam ich dann auch auf den spirituellen Weg. Ob *„Glaube"*, *„Feng Shui"*, *„Meditation"*, mich begeistern immer mehr die Themen über ein glückliches Leben.

Beruflich habe ich so viele hochwertige Zusatzqualifikationen, dass ich, wenn ich mich für irgendeine Stelle beworben hatte, als überqualifiziert abgestempelt wurde. Aber das ist für mich völlig in Ordnung. Vielleicht verbergen sich da Vorgesetzte, welche Angst um ihren Stuhl haben. Heute freue ich mich über die Unternehmen, welche meine Dienstleistungen schätzen, mich weiterempfehlen und denen ich helfen kann, ihre Mitarbeiter zu glücklichen Menschen zu machen, welche sich an ihrem Unternehmen erfreuen und somit Effektivität ins Unternehmen bringen. Ganz besonders freut es mich, dass meine Leser zum Großteil begeistert sind von dem was ich schreibe und ich diese Menschen glücklich machen kann.

Lassen Sie sich also nicht davon abbringen, sich immer weiter zu bilden und weiter zu entwickeln. Dies ist Ihr Leben.

Kennen Sie ein Buch über schnelles Lesen? Wenn nicht, kann ich Ihnen nur wärmstens empfehlen, nach diesem Buch ein solches Buch zu lesen. Ich war, weil ich ja in jungen Jahren zu faul war, ein sehr schlechter Leser. Ich musste die Texte mehrmals wiederholen, bis ich sie verstanden hatte, und wenn ich in einem Seminar etwas lesen musste, waren alle Seminarteilnehmer fertig, wenn ich gerade mal die Hälfte des Textes gelesen hatte. Heute ist dies anders. Ich habe meine Lesegeschwindigkeit vervielfacht. Ein Seminar diesbezüglich habe ich nicht besucht, obwohl ich dies vielleicht irgendwann einmal nachholen werde. Dies war mir bisher zu teuer. Ich habe Bücher über *„Speed Reading"* und *„Photo Reading"* gelesen und die Übungen für mich und in meiner persönlichen Lerngeschwindigkeit nachvollzogen. Heute kann ich ein Buch an einem Tag lesen, wo ich früher Wochen oder Monate benötigte. Im Buchhandel oder im Internet finden Sie viele Bücher über schnelles Lesen, das Buch von Tony Buzan, *Speed Reading – Schneller lesen – mehr verstehen – besser behalten*" möchte ich Ihnen empfehlen. Es gibt aber sicher viele andere gute Bücher und Seminare auf diesem Gebiet. Es lohnt sich in jedem Fall.

Oder schreiben Sie doch auch ein Buch über Ihre Erfahrungen. Wenn man ein solches Buch schreibt, vertieft sich das bisher Gelernte.

Dann empfehle ich Ihnen zusätzlich das Zehn-Finger-System für die Tastatur Ihres Computers bzw. einen Schreibmaschinenkurs zu absolvieren.

Ich habe das Zehn–Finger-System anhand der Begleitbücher eines Kurses, welchen einer meiner Brüder besucht hatte, in eigener Initiative allein gelernt. Wenn ich zusehe, wie sich manche Menschen, welche den ganzen Tag beruflich am Computer sitzen, mit zwei Fingern beim Schreiben abmühen, kann ich nur den Kopf schütteln. Eine Woche lernen und das ganze Schreiben macht viel mehr Spaß und vor allem, man braucht nicht einmal mehr auf die Tastatur oder den Bildschirm zu schauen. Ich habe den Kurs schon vielen Menschen empfohlen, leider sind die Meisten davon zu faul zum Lesen und Lernen. Mit dem Zwei-Finger-Such-System würde ich sicher dieses Buch auch nicht schreiben wollen.

Fazit: Wenn Sie viel lesen und schreiben wollen, ist es wichtig, schnelles Lesen und Schreiben zu erlernen. Der dafür eingesetzte Zeitaufwand ist in kurzer Zeit wieder amortisiert.

Bei mir stapeln sich keine Zeitungen und Zeitschriften mehr, obwohl ich alles anschaue, was mir auf den Tisch fällt. Durch schnelles Lesen lernen Sie auch das Überfliegen von Texten jeglicher Art, denn Ihr Unterbewusstsein entdeckt die für Sie wichtigen Informationen durch das Gesetzt der Resonanz bzw. der Anziehung. Wenn Sie nicht gerne lesen, dann versäumen Sie eventuell irgendwelche Artikel in Zeitungen und Zeitschriften, welche Sie Ihren Zielen näher bringt, nur weil sich bei Ihnen diese Papiere stapeln und sie irgendwann ungelesen in den Papierkorb fliegen.

2.7 Liebe Dich selbst

„Liebe Deinen Nächsten wie dich selbst." Was sagt dieser Satz von Jesus Christus? Bevor Sie jemand anderen lieben können, müssen Sie sich selbst lieben.

Erschreckend, wie viele Menschen sich selbst nicht lieben und sich auch im Spiegel, auf Bildern usw. nicht gerne sehen und mögen. Sollten auch Sie noch zu den Menschen gehören, die sich selbst nicht lieben, frage ich Sie, warum sollten Sie von Anderen geliebt werden? Muten Sie Anderen zu, dass Sie jemanden so nicht liebenswürdigen Menschen, wie Sie es selbst von sich meinen, lieben sollen? Sehen Sie, was ich meine?

Sich selbst zu lieben, sich so zu akzeptieren wie wir sind, mit allen Ecken und Kanten, mit unseren kleinen Fehlern und Rundungen oder unseren Gebrechen, unseren Krankheiten usw., die wir angeblich haben ist ein wichtiger Schritt für eine glückliche Partnerschaft und ein glückliches Leben.

Sie sind einzigartig, ich bin einzigartig und jeder Mensch ist einzigartig. Wir alle haben den freien Willen, ob wir abgelehnt und gehasst oder akzeptiert und geliebt werden. Es liegt einzig und allein an uns selbst. Im Kapitel Aktion = Reaktion habe ich beschrieben, dass alles, was wir aussenden, auf uns zurückkommt, alles. Wir ziehen es magisch an. Wenn wir uns selbst lieben, ist dies bereits die erste und wichtigste Liebe, die wir aussenden.

Lächeln Sie dem Menschen im Spiegel täglich mit Freude zu und Sie werden feststellen, dass auch er Ihnen ein Lächeln zurück sendet.

Ihre nach Ihren Vorstellungen kleinen oder großen Fehler an Ihnen müssen Sie lernen zu lieben, zu akzeptieren. Dazu können Sie sich nackt vor einen Spiegel stellen und sich Ihren Körper anschauen. Machen Sie sich selbst Komplimente. Sind Sie auf jeden Fall aber mindestens mit sich selbst zufrieden, dass Sie so, wie Sie sind, geschaffen wurden. Anfangs braucht dies vielleicht Überwindung, beim Einen mehr, beim Anderen weniger, aber wenn Sie dies öfter machen, wird es zur Routine und Sie werden feststellen, dass Sie ein größeres Selbstvertrauen und eine viel mächtigere Ausstrahlung Ihren Mitmenschen gegenüber vermitteln. Sie werden feststellen, dass Menschen Ihnen Komplimente machen, ohne dass Sie auch nur sonst eine äußerliche Veränderung an sich vorgenommen haben.

Ich muss gestehen, ich mochte mich früher auch auf Bildern nicht gerne sehen. Mich haben auch dies und jenes an mir gestört. Als ich dann etwa 1992 begann, eben solche Übungen mit mir selbst zu machen, konnte ich Erstaunliches wahrnehmen. Auch mir fiel es sehr schwer, solche Übungen zu praktizieren. Nackt vor dem Spiegel zu stehen und einen Körper für schön zu befinden, an dem ich zuvor so vieles auszusetzen hatte. Aber ich habe es durchgezogen und werde es nie bereuen. Ich wurde plötzlich viel jünger geschätzt als zuvor, ich spüre, dass mich die Menschen viel mehr mochten als zuvor.

Ich muss zugeben, dass ich bis 1991 schwer gearbeitet hatte, um meine Familie zu ernähren und weil ich mir viel vorgenommen hatte. Zu jener Zeit hatte ich eine kleine Kneipe, ohne Ruhetag von montags bis sonntags 15 Stunden am Tag. Klar hatte ich auch nebenberufliche Mitarbeiter, aber trotz allem bleibt das meiste an einem selbst hängen. Ich wurde schon mit 25 Jahren auf 35 Jahre geschätzt. Meine Scheidung 1991 hat mich finanziell 20 Jahre zurückgeworfen und dadurch habe ich mein Leben ab 1991 schon drastisch verändert. Ich begann zu leben, nicht nur zu arbeiten.

Ich möchte Sie einfach dazu inspirieren: *„Lieben Sie sich selbst so, wie Sie von anderen geliebt werden möchten.“*

Es schadet Niemandem und kann Ihnen nur helfen, mehr Selbstbewusstsein zu erlangen und von Anderen so geliebt zu werden, wie Sie es sich wünschen und wie Sie es auch verdient haben.

Die Liebe ist das Wichtigste in unserem Leben und das Wichtigste auf dem Weg zur inneren Göttlichkeit. Fangen auch Sie direkt und heute an, sich selbst zu lieben. Fassen Sie all Ihren Mut zusammen, denn es ist einfacher als man denkt, wenn erst einmal die ersten Hürden genommen sind. Es lohnt sich für Sie. Ich wünsche Ihnen viel Spaß und Erfolg bei der Suche nach Ihrer inneren Liebe und Göttlichkeit. Jedem steht der Weg durch seinen freien Willen offen.

"Nur wer sich selbst liebt darf auch von anderen erwarten, geliebt zu werden."

Manfred Bogenschuetz

Bild 2: Sich selbst und sein Leben lieben und genießen

"Schau in den Spiegel um den Haken zu finden, der Dich vom Glücklichsein abhält.

Akzeptiere und liebe die Person im Spiegel so wie sie ist oder verändere sie so wie Du sie gerne akzeptieren und lieben möchtest.

Was Du nicht verändern kannst das gefällt vielleicht jemand Anderen, lass es deshalb so wie es ist und freue Dich darüber.

Du kannst es ohnehin nicht jedem Recht machen."

Manfred Bogenschütz

2.8 Zusammenfassung des zweiten Kapitels

In diesem Kapitel haben wir vieles über unser Umfeld gelernt. Sowohl in unserer Freizeit als auch bei unserer Arbeit ist es wichtig, dass wir alles, was wir gerne unternehmen, fördern, und alles, was wir ungern unternehmen, entweder aus unserem Leben verbannen oder so akzeptieren, wie es ist. Jegliche Verweigerung und Ablehnung bringt uns Unzufriedenheit und versperrt uns damit den Weg in ein glückliches Leben.

Die Partnerschaft, privat wie geschäftlich, wurde nach uns selbst an zweiter Stelle genannt, weil diese die wohl intimste Freundschaft darstellt und mit der wir die meiste Zeit unseres Lebens verbringen.

Die Familie, Freunde und der Rest der Welt stellen nach der Partnerschaft unsere Nächsten dar. *„Liebe Deinen Nächsten wie dich selbst",* hatte Jesus gesagt, und wir sollten daher alle und alles lieben. Angefangen bei uns selbst bis zu den Menschen, Tieren und Pflanzen, denen wir bisher wenig Zuneigung entgegen brachten oder gar gehasst hatten.

Wie wichtig Sport für unser Wohlbefinden ist, erkennen wir oft erst, wenn wir den Sport als solches vernachlässigen. Wir sollten daher den Sport in unser tägliches Programm einbinden und terminlich fest integrieren. Dabei spielt es keine Rolle, welche Art von Sport wir ausüben. Wir sollten den Sport und die Freizeitbeschäftigungen ausüben, welche uns am meisten Spaß bereiten. Auch Entspannungstechniken sind für unser Wohlbefinden sehr nützlich.

Dass wir mit Freude an unsere beruflichen Arbeiten herantreten sollten, versteht sich schon daher, dass wir einen großen Teil unseres Lebens zwischen 20 und 65 Jahren mit unserer Arbeit verbringen. Wer möchte schon die meiste Zeit seines Lebens unglücklich verbringen. Machen Sie Ihr Hobby zum Beruf oder Ihren Beruf zu Ihrem Hobby.

Das Lernen, Lesen und die Bildung ist unsere Lebensaufgabe. Wer viel lesen möchte, um sich auf dieser Welt etwas Gutes zu tun, der sollte lernen zu lesen. Dabei werden Lesetechniken zur Vervielfachung unserer Lesegeschwindigkeit empfohlen. Lesen ist nicht gleich Lesen.

Dasselbe gilt für das Schreiben am PC oder der Schreibmaschine. Wer täglich viel zu schreiben hat oder gar ein Buch schreiben möchte, der sollte sich nicht mit dem Zwei-Finger-System begnügen. Ein kleiner Kurs von nur wenigen Tagen amortisiert sich in kürzester Zeit.

Im nächsten Kapitel werden wir erfahren, dass manche lebensnotwendige Dinge nicht nur für den Erhalt unseres irdischen Lebens notwendig sind, sondern bei guter Pflege uns viel schneller und besser in ein glückliches Leben führen können.

"Erfülle Dir Deine Wünsche indem Du ein ganzheitlich harmonisches Leben in allen Lebensbereichen führst. Dein Leben kann nur so glücklich sein wie jeder einzelne Baustein bzw. Lebensbereich, den Du Dir selbst gestaltest. Unternehme deshalb alles, was Dir am Leben Spaß macht. Liebe was Du tust und tu was Du liebst."

Manfred Bogenschuetz

3 Leben in Harmonie

Wie Jesus Christus bereits vor 2000 Jahren sagte: *„Der Mensch lebt nicht von Brot allein."*

Um ein glückliches Leben zu führen gehören all diese lebensnotwendigen Dinge in unserem Leben gleichermaßen dazu.

Unser Körper benötigt Wasser, Nahrungsmittel, Vitamine und vieles mehr. Vieles davon bekommt der Körper von uns automatisch, weil wir Hunger und Durst danach haben. Meist reicht es aber unserem Körper nicht aus, weil wir oft zu wenig davon zu uns nehmen. Wenn wir erst einmal Dürsten oder Hungern, ist dies bereits ein Zeichen von Mangel, ein Hilferuf unseres Körpers. Wir sollten diese Dinge zu uns nehmen, bevor wir diese Hilferufe von unserem Körper bekommen. Die meisten Menschen wissen, dass sie mindestens zwei Liter Wasser am Tag trinken sollen, aber tun sie es auch? Die wenigsten Menschen halten sich daran und wundern sich dann, wenn es ihnen schlecht geht. Der Körper weiß ganz genau, was ihm fehlt und wehrt sich mit Krankheiten aller Art.

Bewegung zum Beispiel im Sport und in unserer Freizeit ist ebenfalls ein wichtiger Bestandteil unseres Lebens und sollte gefördert werden. Dies ist eine der vielen Lebensnotwendigkeiten, welche nicht nur für den Körper, sondern bereits für Geist und Seele wichtig ist und uns gut tut.

Bewusstes Atmen ist ebenfalls für Körper, Geist und Seele gut. Das bemerken wir bei der Meditation, beim Tantra, Yoga usw.

Der Glaube versetzt Berge. Hier kommen wir der geistigen Welt etwas näher. Wer nicht glaubt, lebt auch, aber wie? Wenn wir nicht an die Erfüllung unserer Wünsche glauben, werden auch diese nach unserem Glauben erfüllt, nämlich nicht.

Die Liebe ist das Wichtigste im Leben. Bereits Jesus Christus hat immer wieder von Liebe gesprochen und uns ermutigt, alle und alles zu lieben. Wir müssen die Liebe ernst nehmen, denn durch die Liebe, die aus unserem tiefen Herzen kommt, werden alle Träume wahr.

Ich kann Sie nur ermutigen, all diese Lebensnotwendigkeiten wertzuschätzen und zu fördern. All diese Lebensnotwendigkeiten verschwenderisch anzuwenden ist Nahrung für unseren Körper, unseren Geist und unsere Seele.

Bild 3: Wasser kann man trinken aber auch darin baden

„Nur ein glücklicher Mensch kann auch Andere glücklich machen.“

Manfred Bogenschütz

3.1 Wasser ist Leben

Ohne Wasser ist kein Leben denkbar. Wasser ist unser wichtigstes Lebensmittel. Ohne Nahrung kann der Mensch zwei Monate leben, ohne Wasser nur wenige Tage. Zu 70-80 Prozent besteht unser menschlicher Körper aus Wasser, unser Kopf enthält sogar 80-90 Prozent Wasser. Je weniger wir trinken, umso mehr muss unser Körper Schwerstarbeit leisten, tagsüber wie nachts, während wir schlafen. Alle physiologischen Vorgänge erfordern Wasser. Für den Transport von Nährstoffen, Enzymen, Fermenten, Vitaminen, Spurenelementen usw. und genauso für den Abtransport von Gift- und Ausscheidungsstoffen braucht unser Körper Wasser.

Wassermangel ist Ursache vieler Beschwerden und Schmerzen. Schon ein geringer Flüssigkeitsverlust von nur 2 Prozent führt zu ernsthaften Einschränkungen der körperlichen und geistigen Leistungsfähigkeit. Müdigkeit, Antriebslosigkeit, Konzentrationsschwäche, nachlassende Denkfähigkeit, Kopf-, Bauch- und Gelenkschmerzen, Migräne, Schwindelgefühl, Unwohlsein usw. können Anzeichen für einen Mangel an Wasser sein. Bandscheibenschäden, Arthrose, Asthma, Bluthochdruck, Sodbrennen und schwere Krankheiten wie Koliken, Nierenleiden, Krebs, Infarkt u.v.a. werden von Medizinern mit chronischem Wassermangel in Verbindung gebracht.

Es gibt viele Faustregeln, wie viel wir trinken sollen. In meinem Buch „Glücklich Leben im Paradies Erde" steht ebenfalls eine von vielen.

Ich kenne viele Menschen, die weniger als einen Liter Wasser pro Tag trinken, und ich kann Ihnen versichern, diese Menschen sind viel öfter krank als ich. Meine Lebenspartnerin z.B. war bereits im Krankenhaus, weil ihre Nieren wegen Wassermangel nicht mehr ordnungsgemäß arbeiten konnten. Dies war vor etwa drei Jahren. Und immer wieder ist sie schwer von einer Grippewelle getroffen. Langsam aber sicher verbessert sich die Lage da sie bei meinen Vorträgen und auch von Ihren Ärzten und Heilern immer wieder erfährt, wie wichtig Wasser für ihren Körper ist.

Was nützen da meine Predigten, wenn die Menschen ihren freien Willen dazu einsetzen, um sich krank und schlecht zu fühlen? All meine Erfahrungen und Aufschriebe hier nützen nichts, wenn Sie, liebe Leser, weiterhin an Zufälle glauben und sich meiner Beweise und den Beweisen, welche viele andere Personen erzählen können, nicht für ernst nehmen.

Ich habe auch schon in Zeitungsberichten von gegenteiligen Berichten gelesen, dass das Wasser aus unseren Nahrungsmitteln und sogar von Kaffee etc. ausreichen würde. Trotzdem bin ich der Meinung, dass Wasser sehr wichtig für unser Wohlbefinden ist und bleibe bei meiner Aussage.

Ein wenig möchte ich meine Aussage jedoch verändern. Wenn Ihr Unterbewußtsein weiß, dass Ihr Körper gesund sein möchte, dann wird sich Ihr Bewußtsein verändern und Sie werden automatisch mehr Wasser zu sich nehmen. Der Körper weiß nämlich genau, was er will.

Der Körper lügt nicht und wenn der Körper krank sein möchte, z.B. weil er nicht zur Arbeit will, dann will er einfach nicht gesund sein.

Sie werden sich vielleicht fragen, möchte nicht Jeder gesund sein? Dass dem nicht so ist, erkläre ich in andern meiner Bücher, z.B. in meinem Buch aus dieser Serie *„Liebes Universum"* mit dem Titel *„Wie denke ich mich Gesund"* ausführlich.

An dieser Stelle nur vereinfacht, machen Sie was Ihnen Spaß macht und teilen Sie Ihrem Körper mit, dass er gesund sein will, am besten noch, dass er gesund ist.

Wenn Sie merken, dass Ihr Körper nach viel Wasser verlangt, dann sind Sie auf dem besten Weg. Verwehren Sie Ihrem Körper den Wunsch nach Wasser nicht. Und noch eins, wenn sie durst haben, ist dies bereits ein Zeichen für Mangel. Trinken Sie bevor Sie durst verspüren. Ihr Auto bringen Sie auch zum Kundendienst bevor es defekt ist.

"AMMAN IMAN

—

Wasser ist Leben."

Sprichwort der Tuareg

3.2 Bewusstes Atmen

Wie im vorhergehenden Kapitel das Wasser, so ist die Luft zum Atmen eines der wichtigsten Dinge, welche der Mensch braucht.

Jeder weiß das wohl, aber es ist ein großer Unterschied, Atmen oder bewusstes Atmen. Unter bewusstem Atmen verstehe ich das Atmen in den ganzen Körper, was bei Meditationen erfolgen kann.

Durch bewusstes Atmen kann man zum Beispiel beim autogenen Training besser entspannen. Ob Sie durch die Nase oder den Mund atmen, ist zweitrangig. Wenn Sie fünf Bücher über richtiges Atmen lesen, dann wird Ihnen in drei Bücher geraten, durch den Mund zu atmen und in zwei Bücher wird stehen, dass Sie durch die Nase atmen sollen, oder auch umgekehrt. Machen Sie es einfach, wie Sie es für richtig halten. Was Sie für richtig halten, ist für Sie am besten, vertrauen Sie Ihrem Bauchgefühl. Auch hier gilt, es ist richtig, wie Sie es denken.

Nehmen Sie sich täglich mindestens 5 Minuten Zeit, bewusst zu atmen.

Was erreichen Sie durch bewusstes Atmen?

Ich habe bereits vor 20 Jahren begonnen, bewusst zu atmen. Fangen wir an beim Entspannen, durch autogenes Training oder Tiefenentspannung. Der ganze Körper entspannt sich vom Stress, welcher sich alltäglich aufbaut, sei es bei der Arbeit, von der Gartenarbeit oder auch durch psychische, partnerschaftliche oder sonstige große wie kleine Probleme. Durch das bewusste Atmen werden alle Körperteile angesprochen und Sie atmen von Kopf bis Fuß ein und wieder aus. Dabei wird die Lunge gereinigt und Ihr gesamtes Volumen wird bewusst voll ausgeschöpft. Beim Durchschnittsmensch wird durch das normale Atmen die Lunge nur zu etwa einem Fünftel ausgenutzt. Dadurch verkleben die Lungengefäße, was sich früher oder später schädlich auswirken kann. Verstärkt wird dies natürlich durch Rauchen oder sonstige schlechte Luftverhältnisse. Die Lunge ist aber nur ein Teil unseres Körpers, welche sich für das bewusste Atmen bedankt.

Wenn Sie Atemübungen öfter durchführen, werden Sie feststellen, dass Sie in jedes Körperteil atmen können. In den Kopf, in die Arme, Hände und Finger, in den Bauch und Rumpf, in Ihre Beine und bis in die Zehen. Dabei wird alles aufgelockert und entspannt.

Die Chakren als unsere Energiezentren spielen eine große Rolle für unseren Körper. Wir alle haben sieben Chakren. Sie haben verschiedene Namen. Ich nenne hier jeweils nur einen Namen für jedes Chakra. Das Wurzelchakra, es befindet sich in Höhe der Geschlechtsorgane, das Bauchchakra, das Solarplexus Chakra, in Höhe der untersten Rippen, das Herzchakra, das Kehlkopfchakra, das Stirnchakra und das Kronenchakra, welches sich über dem Kopf befindet. Diese Chakren sind verantwortlich für den Energiefluss im Körper. Jedem Chakra wird zudem noch eine bestimmte Farbe zugeordnet, welche beim Atmen angesprochen werden kann. Wenn Sie nun immer wieder auch in diese Chakren bewusst einatmen, können sich Verspannungen und Blockaden in diesen Chakren lösen und die Energie besser fließen.

Dieser Energiefluss ist wichtig für unser allgemeines Wohlbefinden. Es wird zugunsten verschiedener Lebensbereiche spürbar eingesetzt.

In meinen Büchern *„Glücklich Leben im Paradies Erde"* und *„Liebes Universum – Wie denke ich mich Gesund"* finden Sie verschiedene Atemübungen. Nutzen Sie diese Übungen und verändern Sie diese einfach so, wie sie Ihnen am besten geeignet scheinen.

Wenn das bewusste Atmen neu für Sie ist, werden Sie anfangs etwas länger benötigen, bis Sie die hier aufgeführten Erfolge feststellen und bis Sie bewusst in jedes Körperteil atmen können. Lassen Sie sich Zeit. Es lohnt sich in jedem Fall. Ihr Körper dankt es Ihnen vielfach.

Fazit: Atmen ist nicht gleich Atmen. Gönnen Sie Ihrem ganzen Körper mehr Luft, als Sie durch Ihr normales Atmen aufnehmen. Atmen Sie bewusst. Sie können die bewusste Atmung in Ihr tägliches Übungsprogramm aufnehmen, so dass es keine zusätzliche Zeit in Anspruch nimmt.

"Atmen Sie bewusst und nutzen Sie Ihr gesamtes Lungenvolumen aus. Atmen Sie in Ihren ganzen Körper."

Manfred Bogenschuetz

3.3 Bewegung für Körper Geist und Seele

Bewegung braucht der Mensch. Wer rastet, der rostet.

Es gibt viele Arten von Bewegung.

Angefangen beim normalen Spaziergang an der frischen Luft. Wohl jeder kennt es. Wir machen viel zu selten einen schönen Spaziergang in der freien Natur. Den Alltagsstress hinter uns lassen. Die Landschaft genießen. Und wenn wir es dann einmal tun, dann sagen wir uns: „*Warum tu ich das nicht öfter, es tut mir so gut*". Geht es Ihnen auch oft so? Mir schon. Ich spaziere auch viel zu selten und immer nehme ich mir dann, wenn ich es mache, vor, es viel öfter zu tun. Wir nehmen uns einfach zu wenig Zeit für die schönen Dinge im Leben, für das, was uns gut tut.

Für die Fitness können Sie auch Joggen, Laufen, Walken usw. Auch dabei können Sie die Natur genießen und Ihrem Körper Gutes tun. Diese Arten der Fitness bringen nicht nur Wohlbefinden und Entspannung vom Alltag, sondern regen durch die Erhöhung des Blutdrucks bzw. des Pulses auch den Kreislauf an. Sie sollten täglich Ihren Kreislauf für mindestens fünf Minuten auf einen Puls von über 120 Schlägen pro Minute bringen, Ihr Körper wird es Ihnen danken. Ob Sie dies nun durch diese Fitness oder andere Tätigkeiten tun, ist irrelevant. Auch bei gutem Sex wird der Kreislauf in diesem Maße angeregt.

Wenn Sie noch mehr für Ihren Körper, Ihre Ausgeglichenheit und Ihr Wohlbefinden tun wollen, dann empfehle ich Ihnen asiatische Bewegungsübungen wie Thai Chi, Qi Gong, Yoga, Pilates Training oder ähnliches. Ich praktiziere Übungen dieser Art seit mehreren Jahren. Dabei gehe ich nicht streng nach irgendwelchen Regeln vor. Ich habe diese Übungen in Seminaren, bei meinen Rehabilitationsmaßnahmen und durch DVD's erlernt. Heute mache ich fast täglich ein paar einfache Übungen und ich merke stets, dass mein Körper sich dafür bedankt. Die Energie im Körper wird angeregt und fließt so, dass ich nach den Übungen, selbst wenn ich diese nur ein paar Minuten praktiziere, ein Kribbeln im ganzen Körper habe. Danach bin ich so fit, dass ich keinesfalls innerhalb der nächsten Stunde einschlafen könnte. Deshalb empfehle ich Ihnen, solche Übungen nicht vor dem Einschlafen durchzuführen. Tun Sie es morgens oder wenn Sie ein Tagestief erreichen, wo Sie am liebsten schlafen wollten, es aber gerade nicht können. Solche Übungen können Sie überall praktizieren. Es gibt Übungen, die Sie im Liegen, im Sitzen, im Stehen durchführen können. Auch am Arbeitsplatz gibt es sicher ein Örtchen, wo Sie sich für fünf Minuten solchen Übungen widmen können.

Genießen Sie solche Übungen möglichst täglich. Wenn auch nur kurz, Ihr Körper dankt es Ihnen.

Das Beste daran ist, jeder kann solche Übungen, vom Spaziergang bis zu Yoga und Thai Chi, praktizieren. Das Alter spielt dabei keine Rolle. Es muss ja nicht gleich ein Kopfstand sein.

Zum Kopfstand möchte ich eine kleine Erfahrung aus meinem Leben aufzeigen. Der Kopfstand ist im Yoga eine durchaus schwierige und sehr wirkungsvolle Übung. Ich habe erst mit 30 Jahren mein Studium begonnen. In diesem Alter ist es schon etwas schwieriger, intensiven Lernstoff zu verarbeiten. Den Höhepunkt in Sachen Lernen hat der Mensch laut einer Studie, welche ich im Studium gesehen hatte, mit 22 Jahren. Die Kurve geht dann langsam wieder zurück. Hinzu kam, dass ich als Umschüler denselben Lernstoff, welcher an einer üblichen Fachhochschule in vier bis fünf Jahren gelehrt wird, in drei Jahren lernen musste. Ich saß also drei Jahre täglich bis spät in die Nacht mit meinen Kommilitonen zusammen, um zu lernen.

Warum ich aber dies alles hier niederschreibe, ist, dass ich durch den Kopfstand aus dem Yoga gelernt habe, dass die Konzentration durch den Kopfstand extrem gesteigert werden kann. Also startete ich einen Versuch. Ich lernte vor jeder Prüfung am Vorabend noch einmal den gesamten Lehrstoff und legte mich dann schlafen. So etwas nennt man *„Das Buch unters Kopfkissen legen"*. Morgens vor der Prüfung machte ich etwa drei bis fünf Minuten einen Kopfstand und ging dann zur Prüfung. Mein Kopf war klar und ich konnte mich sehr gut an das Erlernte erinnern.

Auch heute mache ich, wenn ich mich tagsüber sehr konzentrieren muss, morgens einen Kopfstand und ich merke immer wieder, wie gut es mir tut und wie klar mein Kopf danach ist.

Probieren Sie es, wenn Sie sich den Kopfstand zutrauen, einfach selbst aus.

Fazit: Bewegung tut dem ganzen Körper, Geist und Seele gut. Sie hält Sie fit und gesund. Gönnen Sie Ihrem Körper eine abwechslungsreiche Bewegung. Genießen Sie lieber jeden Tag ein wenig Bewegung als nur selten und dann in übertriebener Weise.

3.4 Gesunde Ernährung

Richtige Ernährung ist für unseren menschlichen Körper neben dem Wasser und der Luft zum Atmen ebenfalls ein sehr wichtiger Aspekt.

In der heutigen Zeit verlieren die Nahrungsmittel immer mehr an Vitaminen und Nährstoffen. Durch künstliches Vorantreiben des Wachstums, sei es bei Tieren oder Pflanzen, wird die von der Natur vorgesehene Struktur der Nahrungsmittel verfälscht. Durch ebenfalls künstliche Verlängerung der Haltbarkeit der Produkte gehen wichtige Bestandteile der Nahrungsmittel verloren.

Worin besteht eine richtige Ernährung? Dies kann wohl niemand so pauschal sagen, dass allen Menschen in gleicher Weise geholfen werden kann. Wir sollten auf unseren Körper hören. Der Körper lügt nie.

Essen Sie, was Ihnen schmeckt, aber achten Sie dabei darauf, dass Ihr Körper gesund sein will. Dabei spielen wieder Ihre tief im innersten verborgenen unterbewussten Gedanken eine große Rolle. Wenn Sie krank sein wollen, will Ihr Körper Nahrungsmittel, die Sie krank machen bzw. erhalten. Wenn Sie gesund sein wollen, will Ihr Körper Nahrungsmittel, die Sie gesund machen bzw. erhalten. Das mag sich jetzt für viele Leser doof anhören. Wer will schon krank sein? Ist es aber definitiv nicht.

Dazu ein kleiner Ausschweif. Ich war bei einem Heilpraktiker wegen Nervosität bei Vorträgen, die ich immer wieder halte, und weil ich eine Amalgamentgiftung neben einer Zahnbehandlung an mir durchführen ließ, wo ich sämtliches Amalgam, welches mir in meiner Jugendzeit in der Hälfte meiner Zähne implementiert wurde, entfernen ließ. Viele Heilpraktiker wenden die Kinesiologie an, um den Körper zu fragen, welche Medikamente er zu bestimmten Heilungen wünscht. Der Heilpraktiker, welcher mich behandelte, ist ein Spezialist auf dem Gebiet. Er hat mit Kinesiologie die erforderlichen Medikamente erfragt und auch die Menge, welche der Körper für die aktuelle Vergiftungsphase benötigt. Genauso für die Behandlung meiner Nervosität. Eine der ersten Fragen, welche der Heilpraktiker an meinen Körper stellte, war, ob ich krank oder gesund sein wolle. Genau deshalb führe ich diesen Absatz hier auf.

Es gibt viele Menschen, welche ihre Gedanken stets auf Krankheit lenken. Durch diese Gedanken verstärken bzw. verschlimmern sich deren Krankheiten. Sie wissen ja: *„Dein Wille geschehe."* Ihre Gedanken sind Ihre Wünsche. Wenn Sie sich lange genug Krankheit einreden, verankert sich dies in Ihrem Unterbewusstsein, wird als Wunsch ins Universum gesendet und verwirklicht.

Aber warum schreibe ich dies alles unter dem Thema *„Nahrung"*? Ich schreibe dies auch in vielen anderen Kapiteln, weil es immer um dasselbe geht, um *„Die Macht unserer Gedanken"*.

Ich habe ja geschrieben, Sie sollen essen, was Ihnen schmeckt.

Wenn ich dies so schreibe, dann könnten viele Leser einwenden: *„Ich esse ja, was mir schmeckt"*, und trotzdem werde ich immer dicker oder schlanker oder was auch immer. Genau, der Körper holt sich nämlich das, was er braucht, um Ihre Wünsche zu erfüllen. Ihre Wünsche, welche tief in Ihrem Unterbewußtsein verankert sind.

Wer sich dessen nicht bewusst wird, dem empfehle ich in jedem Fall viel Obst und Gemüse sowie viel Abwechslung in sonstigen Speisen. Dies ist immer gut und ist Ihnen sicher auch aus Zeitschriften und sonstigen Lektüren bekannt. Denn nicht jeder beschäftigt sich mit Themen, wie ich sie in diesem Buch beschreibe.

Dadurch, dass in den Nahrungsmittel in der heutigen Zeit zu wenig Nährstoffe vorhanden sind, empfehle ich zudem Nahrungsergänzungsmittel, die es überall zu kaufen gibt. Die mir wichtigsten Nahrungsergänzungsmittel sind Magnesium, Calcium, verschiedene Vitamine und Knoblauch. Dies kann aber für Sie ganz anders sein. Ich nehme auch immer wieder andere, um einfach meinem Körper etwas zusätzlich Gutes zu tun.

Sie wissen bereits, dass ich bei meiner täglichen Meditation unter anderem Gesundheit mit einbeziehe. Dadurch nimmt mein Körper auch nur die Stoffe auf, welche für mich gut sind.

Wenn Sie erst einmal Ihr Unterbewusstsein von Gesundheit überzeugt haben, dann kann Ihnen die Torte bei der nächsten Geburtstagsfeier, das leckere Eis im Strandcafé oder die Remoulade im Salat nichts mehr anhaben.

Es kommt, wie Sie es sich denken.

Wenn Sie jetzt einwenden, so ein Unsinn, dann wird es für Sie Unsinn sein. Ein Versuch kostet aber nichts und Sie werden erstaunt sein, welche Wirkung *„die Kraft Ihrer Gedanken"* hat.

Es liegt an Ihnen, was Sie aus diesem Wissen machen. Niemand kann Ihnen die Entscheidung abnehmen.

Außerdem, was würde die Pharmaindustrie machen, wenn alle gesund wären? Gönnen wir denen doch auch Ihr Dasein.

3.5 Glaube an die Göttlichkeit

Der Glaube versetzt Berge.

Warum hat Jesus Christus zu den Menschen, welche er anscheinend geheilt hat, gesagt: „*Euer Glaube hat Euch geholfen bzw. geheilt*"? Oder warum hat Jesus Christus zu seinen Jüngern auf dem Boot, welches in Seenot geriet und er dann die See beruhigte, worauf die Jünger fragten: „*Warum können wir das nicht?*", gesagt „*Euer Glaube ist nicht stark genug*"?

Ich selbst habe in den letzten Jahren so viele Erlebnisse mit der Macht meiner Gedanken erlebt, wo ich auch sagen kann, der Glaube versetzt Berge. Oder die Macht unserer Gedanken versetzt Berge, wir müssen nur stark genug daran glauben. Wenn wir nicht glauben, dass das, was wir uns wünschen, auch erfüllt wird, dann ist dies auch so. Wie könnte es anders sein. Es ist ja dann unser Wunsch, dass dem nicht so sein soll.

Sie können glauben, was immer Sie wollen. Es wird so sein bzw. so eintreffen.

Wenn Sie einer bestimmten Glaubensvereinigung angehören, können Sie die vorgefertigten Gebete, Lieder und Sonstiges auswendig lernen. Das mag auch richtig sein. Jeder darf das tun, was er will. Jeder von uns hat seinen freien Willen. Das ist auch gut so. Ich finde es auch gut, dass es solche Einrichtungen gibt. Vielleicht wäre sonst die Welt noch viel brutaler, als sie durch unsere schlechten Gedanken bereits geworden ist. Die ganzen vorgefertigten Gebete richten sich doch glücklicherweise daran, dass wir eine positive Einstellung zu unserem Leben vor, während und nach unserem irdischen Dasein erlangen. Was ich selbst nicht verstehen kann ist, warum es die heiligen Kriege gibt. Die verantwortlichen Menschen für Kriege verstehen wohl alle nicht die Worte Jesus Christus und anderer Propheten. Ich kenne keinen Propheten, welcher im Vordergrund jeder Glaubensrichtung steht, der für Kriege war oder Kriege anzetteln wollte.

Es gibt wohl überall schwarze Schafe und Menschen, denen für die Macht über andere Menschen und Länder jedes Mittel recht ist. Dies können wir nicht verhindern. Wir müssen uns nur in acht nehmen, dass wir nicht so werden. Wir wünschen uns ein glückliches Leben, sonst würden Sie dieses Buch nicht lesen, und dies können wir auch haben.

Was ich Ihnen am meisten empfehlen möchte und Ihnen ans Herz legen will ist, dass Sie an sich selbst und an Ihre innere Göttlichkeit glauben. Die innere Göttlichkeit in jedem von uns ist die Macht, welche uns in allen Lebenslagen das bietet, was wir uns wünschen.

Wann glauben die meisten Menschen an einen Gott?

Sie flehen Gott an, wenn es ihnen gerade schlecht geht und dann wollen sie Hilfe. Oder sie sagen: „*Warum hilft er mir denn nicht?*“ Dabei hat er ihnen doch geholfen. Er hat die negativen Gedanken und Wünsche eingelöst. Wenn es den Menschen gut geht, vergessen sie oft Gott. Es ist ja alles in Ordnung. Aber gerade da ist es notwendig, dass wir dankbar sind. Durch Dankbarkeit für alles, was uns gutes widerfährt, verstärkt sich das Gute in uns und wir erfahren immer mehr von dem Guten. Ich danke jedem Sonnenstrahl und jedem Regen. Heute bekomme ich immer das Wetter, welches ich benötige. Wenn ich draußen im Freien bin, dann lächelt mich die Sonne an. Wenn ich wie jetzt gerade diese Zeilen schreibe, dann regnet es draußen für die Pflanzen, damit diese, wenn ich spazieren gehe, für mich aufblühen können.

Was glauben Sie?

Glauben Sie an *„die Macht Ihrer Gedanken“*? Ich kann Ihnen dazu nur gratulieren.

Der Glaube ist sehr wichtig, wenn Sie Ihr glückliches Leben genießen wollen. Wenn Sie nämlich nicht an die übersinnlichen Kräfte im Universum glauben, dann sind alle Anstrengungen, welche Sie mit den Übungen aus diesem Buch machen, völlig unsinnig. Sie denken dann im Unterbewusstsein genau das Gegenteil von dem, was Sie gerade erreichen wollen. Und was trifft dann ein? Genau das, was Sie in Ihrem Unterbewußtsein ins Universum senden. Sie ziehen das an, was Sie aussenden.

Wenn Sie Ihre täglichen Meditationen beginnen und zum Beispiel an die Worte LIEBE, DANKBARKEIT, FRIEDE, GESUNDHEIT, GLÜCK, ERFOLG, REICHTUM, WOHLSTAND, ÜBERFLUSS und evtl. sonstige positive Begriffe denken, dann müssen Sie daran glauben, dass diese Worte nicht nur Worte bleiben, sondern sich für Sie erfüllen.

Fazit: Freuen Sie sich auf die Erfüllung Ihrer Wünsche und verstärken Sie diese mit Ihrem Glauben an Ihre innere Göttlichkeit.

„Gott ist in uns.“

Manfred Bogenschuetz

3.6 Zusammenfassung des dritten Kapitels

In diesem dritten Kapitel haben wir die wichtigsten, lebensnotwendigen Dinge, welche unser Körper, unser Geist und unsere Seele benötigen, um ein Leben in Harmonie genießen zu können, kennengelernt.

Der menschliche Körper besteht zu fast 80 Prozent aus Wasser, welches wir ihm täglich zuführen sollten.

Nahrungsmittel und Nahrungsergänzungsmittel, welche unser Körper benötigt, sollten wir unserem Körper nicht erst gönnen, wenn er in Form von Hunger und Durst danach ruft, sondern täglich in angemessener Weise.

Bewegung braucht der Mensch. Ob beim täglichen Spaziergang oder durch Sport und Fitness, Bewegung ist für Körper, Geist und Seele gleichermaßen wichtig und gut.

Der Glaube versetzt Berge. Wir sollten glauben, dass alles, was unsere Gedanken als Wünsche ins Universum senden, auch erfüllt wird. Wenn wir nicht daran glauben, trifft auch dies ein und unsere Wünsche sind somit negiert.

Sicher gibt es noch viele weitere Lebensnotwendigkeiten. Vielleicht schreiben Sie auch einmal ein Buch über Ihre Erfahrungen zum Thema *„Die Macht unserer Gedanken"*. In Ihrem Buch sind dann sicher andere bzw. weitere Dinge als lebensnotwendig aufgeführt. Jeder hat seine eigene Wahrheit und wir können es nie Jedem recht machen. Ich freue mich, wenn Sie sich über Ihre lebensnotwendigen Dinge im Leben Gedanken machen und diese fördern.

Der Schlaf zum Beispiel. Wir verbringen ein Drittel unseres Lebens im Schlaf. Dabei regeneriert sich der Körper und bereitet sich auf den nächsten Tag vor. Über gesundes Schlafen gibt es im Internet viele Beiträge. An dieser Stelle kann ich jedem nur empfehlen, sich ein gutes Bett und eine gute Matratze zuzulegen. Ein gesunder Schlafplatz ist ein Vermögen wert. So wie man sich bettet, so schläft man. Beratungen hierfür können Sie sich hierzu bei Feng Shui Berater und bei Menschen, welche Schlafplätze auf Störungen z.B. mit Wünschelruten, Pendel und ähnlichem ausmessen können, holen.

All diese Lebensnotwendigen Dinge sind für ein glückliches Leben und somit auch für die Erfüllung Ihrer Wünsche wichtig. Deshalb sind sie auch in all meinen Büchern in unterschiedlicher Ausführlichkeit beschrieben.

"Liebe denken. Liebe senden. Liebe geben. Liebe nehmen. Ein glückliches Leben beginnt mit unseren liebevollen Gedanken an das gesamte Universum."

Manfred Bogenschuetz

Bild 4: Liebe an das gesamte Universum senden

4 Wunscherfüllungen des Autors

Wir haben in den bisherigen Kapiteln die wichtigsten Punkte kennengelernt, welche für ein glückliches Leben notwendig sind.

Vieles davon ist meinen Lesern bereits aus meinen anderen Büchern bekannt. Ich habe die Kapitel, welche für ein ganzheitliches glückliches Leben notwendig sind übernommen und dem Thema Partnerschaft angepasst. Dies fand ich für notwendig, um das Buch auch für die neuen Leser verständlich zu machen, ohne dass sie ein anderes Buch von mir zur Verständlichkeit als Vorstufe benötigen.

In diesem Kapitel werden Wunscherfüllungen aufgezeigt, die sich für mich Heute so darstellen, dass ich sagen kann, ich habe diese Ereignisse durch meine Gedanken angezogen.

Wir können auch Zufall dazu sagen, denn alles fällt uns zu, was wir in unserem Unterbewußtsein denken.

Die nachfolgenden Ereignisse sind ein Auszug von vielen weiteren erfolgreichen Wunscherfüllungen, welche ich in meinem Buch „Glücklich Leben im Paradies Erde“ beschrieben habe.

Lassen Sie sich inspirieren von meinen Erfolgen, sicher können auch Sie aus Ihrem Leben solche bzw. ähnliche Ereignisse immer mehr nachvollziehen. Fast jeder Mensch, mit dem ich über solche Phänomene rede kann mir ähnliches aus seinem Leben berichten.

"Wer an seine Macht der Gedanken glaubt, dem geschehen unglaubliche Zufälle."

Manfred Bogenschütz

Bild 5: Autor in Gedanken

"Wer nicht an seine Macht der Gedanken glaubt, dem geschehen solche Zufälle ebenfalls, er ist sich dessen nur nicht bewußt."

Manfred Bogenschuetz

4.1 In Gedanken produzierte Unfälle

Diese Ereignisse liegen zum Teil schon viele Jahre zurück und Heute kann ich nachvollziehen, wie ich sie mir alle selbst herbei gedacht habe.

Ich fuhr während meiner Ausbildung jeden Tag mit meinem Moped zur Arbeit. Meine Arbeitsstelle war ca. 35km von meinem Zuhause entfernt. Eigentlich wollte ich gar nicht gerne mit dem Zweirad fahren und versuchte eine Sondergenehmigung zum Fahren eines Gogomobils zu bekommen. Ich hatte immer Angst, dass mir auf der Fahrt zur Arbeit etwas passieren würde.

Ich hatte mehrere Bekannte, welche mit dem Zweirad einen Unfall davongetragen hatten. Es wurde ihnen meist die Vorfahrt genommen und immer, wenn jemand die Vorfahrt genommen wurde, dachte ich, wie kann denn so etwas passieren. Ich konnte doch auch immer noch bremsen, wenn mir jemand die Vorfahrt nahm.

So geschah es dann am 04.05.1981. Ich fuhr wie jeden Tag etwa um 7:00 Uhr von Zuhause zur Arbeit. Um 7:30 Uhr war täglich Arbeitsbeginn. Eine halbe Stunde reichte gewöhnlich aus. Unterwegs traf ich noch einen Arbeitskollegen, welcher mich mit seinem Moped begleitete. In einer übersichtlichen Rechtskurve wollte ein Kleinbus von rechts meine Fahrbahn kreuzen, um auf die Gegenfahrbahn zu gelangen. Ich habe noch gesehen, wie er den Verkehr beobachtete und auch in meine Richtung schaute. Da habe ich mir noch nichts dabei gedacht und noch nicht abgebremst. Er muss mich übersehen haben und fuhr plötzlich in meine Fahrbahn. Ich bremste nur geringfügig ab und wollte hinter ihm ausscheren, was noch gereicht hätte. Doch plötzlich blieb er mitten auf meiner Fahrbahn stehen, weil er mich erkannte und erschrak. Erst jetzt blieb mir nur noch die Möglichkeit einer Vollbremsung. Mein Moped stellte sich quer und als der Kleinbus dann doch weiterfuhr, ließ ich von der Bremse los, um evtl. doch noch hinter dem Kleinbus ausscheren zu können, aber es war zu spät. Mein Moped war bereits zu schräg gelegen und durch das Loslassen von der Bremse überschlug ich zusammen mit meinem Moped und flog auf die Straße. Mein Arbeitskollege und der Fahrer des Kleinbusses wollten den Notarzt rufen. Erst wollte ich es nicht, da ich kaum eine Verletzung wahrnahm. Doch als ich nach mehreren Versuchen doch nicht aufstehen konnte, wurde der Notarzt gerufen und ich kam ins nächstgelegene Kreiskrankenhaus, wo sich die nächste selbst erdachte Tragödie entwickelte, welche ich in meinen Büchern *„Glücklich Leben im Paradies Erde“* und *„Wie denke ich mich Gesund“* bereits näher beschrieben habe.

Aber nun erst einmal zu diesem Unfall. Warum ist er geschehen? Zum einen hatte ich immer Angst, dass mir etwas auf dem Weg zur Arbeitstelle passieren würde. Zudem hatte ich immer gedacht, wenn jemand einem die Vorfahrt nimmt, könne man doch immer noch bremsen. Mein Unterbewusstsein hat somit meine beiden Wünsche, dass mir auf dem Weg zur Arbeit etwas passiert und dass mir jemand die Vorfahrt nimmt, erfüllt. Es fiel mir zu, wie ich es mir erdacht hatte, oder Sie können auch sagen, Zufall?

Die nächsten Ereignisse ließen bereits auf sich warten. Ich war durch oben genannten Unfall über ein halbes Jahr krank und hatte ohne Grund meinem Arbeitgeber gegenüber ein schlechtes Gewissen. Ich wollte während meiner Ausbildung nicht mehr krank sein. Was aber hieß dies für mein Unterbewusstsein, welches das Wort *„nicht“* nicht wahrnehmen kann? Genau, *„Ich will während meiner Ausbildung krank sein“*. Gedacht, getan. Dein Wunsch ist mir Befehl. Ich war nach jenem Krankenhausaufenthalt kaum einen Monat wieder im Betrieb, da fiel ich einem weiteren Arbeitsunfall zum Opfer. Als Auszubildender half ich einem Gesellen, welcher gerade am Wasserkühler eines Autos zugegen war, als er plötzlich rief: *„Achtung, da strömt heißes Wasser aus“*. Ich habe mich weggedreht und wollte wegrennen, als mich schon von hinten ein kochend heißer Wasserstrahl am Rücken traf. Zwei Wochen krank mit Verbrennungen zweiten bis dritten Grades.

Kurz darauf der nächste Arbeitsunfall. Wiederum wollte ich als Auszubildender einem Gesellen helfen. Er stellte gerade die Zündung eines Motors ein und ich fasste in die Zahnradscheibe des Motorblocks. Vier Wochen krank mit einem zerhackten Mittelfinger. Kurz darauf habe ich meine Gesellenprüfung absolviert.

Alles einfach nur Zufälle? Ja, es fiel mir einfach zu, so wie ich es mir erdacht hatte.

Damals konnte ich noch nicht ahnen, was die Macht unserer Gedanken so alles verursachen kann. Heute bin ich überzeugt davon, dass all diese Unfälle die Ursache, Reaktion, auf meine Gedanken, Aktion, waren und sind. Erfüllt wurden sie, als ich von den Gedanken losgelassen, also nicht mehr daran gedacht hatte.

„So ein Zufall!“

Manfred Bogenschuetz

4.2 Beseitigte Mietprobleme

Ich bin seit 1985 Vermieter. 1985 habe ich mein erstes Haus gekauft und umgebaut. Eine Wohnung und einen Geschäftsraum konnte ich vermieten. Die ersten Mieter waren gute Mieter, problemlos, und bezahlten ihre Mietzinsen pünktlich.

Wenn ich mit anderen Vermietern so redete, konnten wir uns gegenseitig oft nicht verstehen. Ich hatte keine Probleme, alles war in Ordnung und ich konnte jedem nur empfehlen, leer stehende Räume zu vermieten, da es sonst totes Kapital ist. Immer wieder stieß ich auf genau die gegenteiligen Meinungen. Die Mieter von anderen Vermietern bezahlten nicht, die Hausordnungen wurden nicht befolgt, die Kehrwoche funktionierte nicht usw. Alles fremd und unvorstellbar für mich.

Unbewusst wurde mir also ständig Negatives über Mieter suggeriert und auch die Zeitungen waren voll mit negativen Gerichtsbeschlüssen bezüglich Mietsachen.

Also begann mein Gehirn negativ über Mieter zu denken und sandte ans Universum negative Gedanken über Mieter aus, obwohl ich gute Mieter hatte. *„Dein Wunsch ist mir Befehl"*, antwortete das Universum.

Plötzlich blieben Mietzinszahlungen aus und ich musste immer wieder meinem Geld nachlaufen. Meine Bank war ebenfalls unglücklich über die fehlenden Mieteinnahmen. Also habe ich mich über die Mieter aufgeregt und meine negativen Gedanken verstärkt. Hinzu kam noch meine Ehescheidung, welche negative Gedanken in mir hervorgerufen hatte.

1995 kaufte ich mein zweites Haus und konnte nach erfolgreichem Umbau auch in diesem Haus drei Wohnungen vermieten. Was ich da alles erlebte, kann ich kaum in Worte fassen. Ich bekam immer mehr das Gefühl, dass niemand mehr seine Mietzinsen bezahlen konnte, obwohl in dem kleinen Ort, in dem dieses Haus stand, die Mietzinsen sehr gering sind.

Durch die fehlenden Mietzinszahlungen kam ich bei meiner Bank und bei meinen Unterhaltszahlungen an meine beiden Kinder immer mehr in Verzug. Letztendlich wurde ich gezwungen, eines der Häuser zu verkaufen. Da das mit schlechten Mietern bewohnte Haus nur sehr schlecht verkauft werden konnte, verkaufte ich das Haus, welches ich schon länger hatte und besser vermietet war. Dies war zwar unwirtschaftlich, aber ich wurde dazu gezwungen und es blieb mir keine Wahl.

Die Zeiten wurden immer schlechter und meine Gedanken natürlich mit. Ich musste mehrere Mieter buchstäblich rauswerfen, das Einklagen von Mietzinsrückständen blieb teilweise erfolglos. Verlassene Wohnungen musste ich auf eigene Kosten entrümpeln und zum Teil stand der Schimmel in der Küche und in den Kühlschränken bei Auszug mehrere Zentimeter in den Gläsern und sonstigen Behältnissen.

Nach diesen Ereignissen konnte ich andere Vermieter verstehen, welche keine Lust mehr hatten, ihre leerstehenden Wohnungen zu vermieten.

Als ich begann, mich mit dem Thema *„Die Macht unserer Gedanken"* zu beschäftigen, war für mich klar, ich denke mir jetzt nur noch gute Mieter. Ich sandte den Wunsch ans Universum und sandte gedanklich an alle Mieter, vor allem auch an jene, welche im Zahlungsverzug waren und selbst jenen, die bereits nicht mehr bei mir wohnten und von denen ich noch Tausende von damals noch DM zu bekommen hatte, LIEBE, DANKBARKEIT und VERGEBUNG.

Sie können sich kaum vorstellen, wie sich meine Mieter verändert haben.

Heute habe ich wieder zwei Häuser, davon sind sieben Wohnungen vermietet und alles läuft positiv. Wenn jemand, aus welchem Grund auch immer, einmal in Zahlungsverzug gerät, sagt er sofort Bescheid und wir finden eine Lösung. Wenn es einmal Zahlungsprobleme gibt, sind diese innerhalb von ein paar Monaten wieder ausgeglichen. Probleme mit Kehrwoche oder ähnliches kenne ich nicht mehr. Wenn sich heute ein Mieter über einen anderen Mieter im Hause beschwert, löst sich das Problem meist ohne mein Zutun innerhalb eines Tages wieder in Luft auf.

Ist dies alles Zufall?

Für mich jedenfalls nicht.

Wenn Sie auch Vermieter sind und Probleme mit Ihren Mietern haben oder wenn sie ein jegliches anderes Problem quält, wünschen Sie sich das Gegenteil und senden Sie LIEBE, DANKBARKEIT und VERGEBUNG, vor allem an diejenigen, denen Sie bisher vielleicht eher das Gegenteil gesendet haben.

Erfüllen Sie sich Ihren Wunsch.

„Vergebung und Verzeihung muß von Herzen kommen."

Manfred Bogenschütz

4.3 Geisterfahrt auf der A8

Ich hatte immer, wenn ich auf einer Autobahn unterwegs war, Angst, dass mir ein Geisterfahrer in einer unübersichtlichen Linkskurve entgegenkommen könnte. Auch dachte ich immer wieder, wenn ich im Radio von Geisterfahrern gehört hatte, wie das wohl passieren könnte, dass jemand auf die Gegenfahrbahn einer Autobahn kommt. Eines Tages war es dann soweit, meine Gedanken wurden vom Universum als Wunsch erhört und erfüllt.

Es war an einem gewöhnlichen Abend vor ein paar Jahren, als ich auf dem Weg von Leinfelden-Echterdingen nach Leonberg auf der A8 unterwegs war. Ich fuhr so etwa mit 160 km/h auf der Überholspur. In einer langgezogenen Linkskurve, als ich gerade ein anderes Fahrzeug überholt hatte, geschah das für mich Unvorstellbare.

Ein Fahrzeug tauchte plötzlich auf meinem Fahrstreifen auf. Es fuhr mit enormer Geschwindigkeit mir entgegen, ohne jegliche Ausweich- oder Abbremsmanöver vorzunehmen. Meine Reaktion war super und in Bruchteilen von Sekunden konnte ich noch nach rechts ausweichen. Zum Glück war ich an dem Fahrzeug, welches ich gerade überholt hatte, schon knapp vorbei, sonst hätte mein Ausweichmanöver nicht funktioniert. Ich spürte den Luftdruck des entgegenkommenden Geisterfahrers. Wenn es mir nicht gelungen wäre, auszuweichen, wäre es zu einem Frontalzusammenstoß von 300 bis 400 km/h gekommen. Dann würden Sie dieses Buch sicher nicht mehr lesen können.

Aber warum hatte der Geisterfahrer nicht gebremst und warum ist er nicht langsam äußerst rechts gefahren, wie es im Radio immer zu hören ist? Dieser Fall war wie in einem Fernsehkrimi. In etwa 500 Meter Abstand hinter dem Geisterfahrer wurde dieser von der Polizei mit Warnlicht und Sirene verfolgt. Fünf Minuten später hörte ich dann im Radio, dass drei Fahrzeuge in einen Unfall, verursacht durch einen Geisterfahrer, verwickelt wurden. Ich hatte großes Glück.

Am nächsten Tag las ich dann in der Tageszeitung, dass der Geisterfahrer das Fahrzeug in Karlsruhe gestohlen hatte und in Richtung München unterwegs war. Etwa in Höhe Pforzheim wurde die Polizei auf das gestohlene Fahrzeug aufmerksam und verfolgte das Fahrzeug in Richtung München. Genau an der Stelle, wo ich auf die Autobahn fuhr, fuhr ein paar Minuten vor mir der Dieb mit dem gestohlenen Fahrzeug von der Autobahn ab und auf der Gegenseite wieder auf. Die Polizei weiterhin hinterher. Dann wurde von der Polizei die Autobahn durch einen quer gestellten LKW am Stuttgarter Kreuz abgesperrt.

Als der Fahrer des gestohlenen Fahrzeuges dies sah, drehte er auf der Autobahn um und fuhr somit als Geisterfahrer mir entgegen. Den Rest kennen Sie ja bereits.

Auch hier haben sich meine Gedanken als Wunsch im Universum manifestiert.

Etwa einen Monat später folgte noch eine interessante Gegebenheit. Ich fuhr wie jeden Morgen zur Arbeit auf der B27 von Tübingen in Richtung Stuttgart. Auf dieser Strecke gab es täglich Stau. Ich fuhr an den Stau heran und bremste ab. Wie immer, wenn ich mit dem Auto bremse, schaute ich in den Rückspiegel und sah, wie ein Fahrzeug mit hoher Geschwindigkeit von hinten ankam. Der Fahrer erkannte den Stau zu spät. Ich sah, wie der Fahrer links an mir ausweichen wollte. Da neben mir im Stau ebenfalls Fahrzeuge standen, konnte ich nur ein wenig ausweichen, so dass das Fahrzeug, welches von hinten kam, zwischen den Leitplanken und mir auf dem Grünstreifen durchfahren konnte und vor mir wieder auf die Fahrbahn kam. Die Geschwindigkeit des Fahrzeuges war aber immer noch zu schnell, so dass der Fahrer dasselbe Ausweichmanöver bei dem nächsten Fahrzeug wiederholen wollte, um nicht hinten aufzufahren. Die Reaktion des dritten Fahrzeuges war allerdings nicht gut genug und dieser Wagen wich nicht genügend aus. Daraufhin prallte der schnelle Wagen wie ein Ping-Pong-Ball zwischen der Leitplanke und dem dritten Fahrzeug hin und her. Die beiden Fahrzeuge waren beide beschädigt, aber es gab zum Glück keinen Personenschaden.

Für dieses Ereignis habe ich noch keine Erklärung. Mir ist dabei auch nichts geschehen, ich war nur Zeuge dieses Ereignisses, vielleicht kann ich es deshalb nicht mit früheren Gedanken in Bezug bringen. Was es mir sagen sollte, weiß ich also noch nicht. Trotzdem führe ich dieses Ereignis hier auf, da mir innerhalb von einem Monat zwei Ereignisse gezeigt haben, dass ich sehr viel Glück hatte und dass meine Zeit noch nicht gekommen war.

„Ängste sind auch Gedanken, also Wünsche, und werden vom Universum als Solche erfüllt.“

Manfred Bogenschütz

4.4 Weitere erfüllte Wünsche des Autors

Kennen Sie das auch, egal wo Sie hinkommen treffen Sie auf verschmutzte Toiletten? Dies war bei mir früher auch so. Weil ich schon, bevor ich eine fremde Toilette betrat, gedacht hatte, dass ich eine verschmutzte Toilette antreffen werde. Bereits in jungen Jahren wurde mir suggeriert, man sitzt nicht auf öffentlichen Toiletten, denn sie seien schmutzig und unhygienisch. Was macht unser Unterbewusstsein dann? Klar, es sendet diese Gedanken ans Universum und es geschieht nach Deinem Willen.

Heute, nachdem ich mich mit diesem Thema befasse und mir einmal den Wunsch ins Universum gestellt habe, dass ich ab heute nur noch saubere Toiletten antreffe, kann ich hingehen, wo ich will, die Toiletten sind sauber. Und jedes Mal, wenn ich nun solch saubere Toiletten antreffe, danke ich dem Universum. Ist das nicht großartig? Und so einfach.

Ich bin in meinem Leben nun neun Mal umgezogen. Ich lebte in kleinen, mittelgroßen und großen Gemeinden. Ich wohnte auch schon in größeren Städten und jetzt wohne ich gemeinsam mit meiner Partnerin in einem Teilort mit nur wenigen Einwohnern. Meist hatte ich nur wenig Kontakt zu meinen Nachbarn. Zu den Menschen, mit denen ich zu tun hatte, hatte ich meist ein gutes Verhältnis. Seit ich positives Denken aktiv einsetze, werden die Kontakte immer besser.

Als wir in den Teilort von Frickingen, Leustetten-Steinenberg zogen, habe ich Seltsames erlebt. Das Haus, welches ich gekauft habe, war den Menschen durch bisherige schlechte Erfahrungen mit den Vorbesitzer in einen schlechten Ruf geraten. Durch unsere netten Nachbarn wurden wir im ganzen Ort schnell mit einem guten Ruf und in der gesamten Gemeinde äußerst freundlich aufgenommen. Ein solch gutes Verhältnis zu meinen Nachbarn und allen anderen Menschen einer Gemeinde hatte ich zuvor nie erlebt. Ich bedanke mich hiermit auch im Namen meiner Lebenspartnerin bei allen Menschen der Gesamtgemeinde Frickingen.

Als ich ein Fahrzeug verkaufen wollte, habe ich dieses unter einer Brücke an einer viel befahrenen Straße abgestellt und zum Verkauf angeboten. Meine Bekannten und Verwandten suggerierten mir immer wieder, dass dies gefährlich wäre, weil unter der Brücke nachts keine Beleuchtung war.

Ich hatte eigentlich keine Angst, aber sicher haben sich so unbewusst negative Gedanken tief in meinem Unterbewusstsein eingestellt.

Das Universum hat nach der Lösung für meinen Wunsch, den ich somit ins Universum gestellt hatte, gesucht und gefunden. Durch Vandalismus wurde das Fahrzeug rundum beschädigt.

Da ich aber zusätzlich positiv über die Sache dachte, wurde der gesamte Schaden von der Versicherung bezahlt.

Als ich mich über meine Autos ärgerte, weil mir dies und jenes nicht passte, und Reparaturen anfielen, dachte ich immer wieder negativ über die Fahrzeuge. Seit ich meine Fahrzeuge lobe und auch mal über das Armaturenbrett streichle und sage *„Du bist ein gutes Auto"*, treten außer Kundendienst kaum noch Mängel auf. Unglaublich, aber wahr.

Seit ich mich mit dem Thema *„Die Macht unserer Gedanken"* auseinandersetze und nur noch Positives aussende, fallen mir die schönsten Dinge im Leben zu.

Ich lebte vorübergehend in der Wohnung meiner Freundin. Die Wohnung war zu klein für uns beide und außerdem gab es mit dem Vermieter Probleme, welche auf die Ehezeit meiner Freundin zurückzuführen war. Wir suchten also eine neue Wohnung.

Alles was wir an Mietwohnungen angeschaut hatten, war entweder für uns nicht erschwinglich, zu klein oder wir bekamen es wegen der Tiere meiner Freundin nicht. Tief in mir verankert war zudem noch der Gedanke, dass ich nicht gerne Mieter sein wollte. Ich hatte bereits ein Haus und mit meinen bisherigen Mietverhältnissen war ich nie so recht zufrieden. Ich wünschte mir also unbewusst ein eigenes Haus nähe Bodensee. Nach mehreren Monaten vergeblicher Suche schaute ich mir neben den Mietwohnungen auch Kaufangebote an, obwohl ich mir einen Kauf gar nicht leisten konnte.

Plötzlich bekam ich von einem alten Bekannten, den ich bereits mehr als zwanzig Jahre nicht mehr gesehen hatte den Tipp, dass ich die Versteigerungen anschauen solle. Ich ließ mir daraufhin einen Versteigerungskalender kommen und schaute mich dementsprechend um. Dann stieß ich auf ein Haus, welches in der ersten Versteigerungsrunde nicht verkauft werden konnte und mir sehr gut gefallen hat. Die Lage war sehr schön und der Preis würde wohl nicht so hoch sein, nachdem beim ersten Durchgang kein Käufer gefunden wurde. Zeitgleich bekam ich eine größere Summe an Geld und somit war mein Eigenkapital gesichert. Ich kaufte dieses

Haus. Wir sind zusammen eingezogen und meine Freundin ist nun meine Lebenspartnerin.

Heute bin ich mir sicher, dass auch dieses Haus ein kleines Wunder für mich war und ich dieses Haus der Macht meiner Gedanken verdanke.

Der Garten und die Parkplätze um dieses Haus waren jahrelang vernachlässigt worden und ich benötigte viele Steinplatten, Natursteine und Pflastersteine für die Parkplätze. Ich gab eine Anzeige auf und erhielt kostenlos alle Steine, die ich benötigte.

Da ich mir im Garten eine Sauna und ein Gartenhaus wünschte, ich aber das Geld dafür noch nicht hatte, bestellte ich bei einer Meditation auch diese im Universum. Es dauerte nur ein paar Wochen und ich erhielt eine gebrauchte, sehr gut erhaltene Sauna und ein Gartenhaus fast geschenkt. Ich musste sie zwar abbauen und bei mir im Garten wieder aufbauen aber das war ja kein Problem.

Als ich meine Ausbildung zum Kfz-Elektriker abgeschlossen hatte, wollte ich eine Weiterbildung als Meister, Techniker, oder gar ein Studium absolvieren. Meine finanzielle Lage sowie meine familiären Verhältnisse ließen dies nicht zu. Zum einen hatte ich das entsprechende Kleingeld nicht und zum anderen konnte ich nicht für längere Zeit weg von meiner Familie. Ich musste Geld verdienen, um meine Familie unterhalten zu können. Ich hatte aber den Wunsch unbewusst ins Universum gesendet, indem ich diesen Wunsch in meinen tief verankerten Gedanken träumte.

Jahrelang ging ich somit anderen Beschäftigungen nach und ließ von meinem Wunsch einer Weiterbildung los.

Als nach ein paar Jahren meine Scheidung kam und ich meine Beschäftigung auf längere Sicht nicht weiter ausüben konnte, bekam ich den Tipp, dass es in Heidelberg die Möglichkeit gibt, eine solche Weiterbildung als Umschulungsmaßnahme zum Techniker zu absolvieren. Daraufhin besuchte ich einen Aufnahmetest zum Techniker und mein Ergebnis war so hervorragend, dass mir sogar ein Studium als Umschulungsmaßnahme angeboten und empfohlen wurde.

Mein Traum hat sich erfüllt und ich absolvierte ein Studium zum Dipl.-Ing.(FH) Elektrotechnik an der Fachhochschule Heidelberg. Zufall? Ich denke schon, dass es mir zufiel, weil ich es in meinen Gedanken als Wunsch ins Universum gesendet habe.

Nachdem ich mein Studium abgeschlossen hatte, war ich zunächst zwei Jahre selbstständiger Elektroplaner. Dann bekam ich ein Angebot in der Automobilzuliefererindustrie und wurde für die Entwicklung neuer Technologien eingestellt. Auf eigenen Wunsch bekam ich auch sofort als zusätzliche Aufgabe die Stelle des Qualitätsbeauftragten, da ich die größte Erfahrung von allen Kollegen auf diesem Gebiet durch meine Diplomarbeit mitbrachte.

Mein Wunsch in diesem Unternehmen war aber, Projekte zu leiten. Projektleiter waren bis dato stets den Supervisoren vorbehalten. Es wurde zwar jedem bei der Einstellung aufgezeigt, dass sich das Unternehmen in den nächsten Jahren sehr stark weiterentwickelt und somit weitere Führungskräfte benötigt werden und es wurde jedem Aufstiegsmöglichkeiten versprochen, aber dies hat sich lange Zeit nicht bewahrheitet.

Nach mehreren Jahren war ich der erste, der eine Projektleiterstelle bekam.

Mit sechzehn Jahren besuchte ich bei Mercedes Benz die Produktionsstätte in Sindelfingen. Als ich die neuen Cabrios sah, war ich total begeistert von diesen Fahrzeugen. Mein Wunsch war es, einmal solch ein Fahrzeug zu besitzen. Dieser Wunsch stellte sich wohl unbewusst durch meine Gedanken ins Universum. Mehr als zwanzig Jahre musste ich auf die Erfüllung dieses Wunsches warten, aber er hat sich erfüllt. Ich habe mir einen 280 SL gekauft und ein paar Jahre gefahren. Da die Benzinpreise immer höher steigen und ich zuviel mit dem Auto unterwegs bin, habe ich es wieder verkauft. Zufall?

2008 bekam ich eine Schleimbeutelentzündung am rechten Arm. Der Schleimbeutel war schon stark angewachsen. Der behandelnde Arzt hat zweimal punktiert, das heißt, zweimal den Schleim abgesaugt. Der Schleimbeutel füllte sich immer wieder und ließ sich nicht mehr absaugen, da der Schleim zu dickflüssig war. Laut Hausarzt und behandelnden Orthopäden musste eine Operation folgen. Ich ließ mir nicht gleich einen Termin geben. Ich versuchte es mit einer Selbstheilung. Ein Monat später war der gesamte Schleimbeutel verschwunden.

5 Vorbereitung zur Wunscherfüllung

Jeder Mensch hat andere Vorstellungen von seinem Leben und das ist auch gut so.

Wir wissen auch, dass jeder Mensch eine andere Vorstellung vom Glücklichsein, von Reichtum, von Partnerschaft usw. hat, und auch dies ist völlig in Ordnung.

Nun müssen wir uns zur Vorbereitung auf unser glückliches Leben von alten Sorgen und Problemen befreien. Dies können wir, indem wir allem was bisher in unserem Leben negativ verlaufen ist, vergeben, verzeihen und bereuen. Dies ist ein wichtiger Schritt, um negative Gedanken aus unserem Unterbewußtsein zu eliminieren.

Vielen Menschen fällt es schwer, jemanden zu verzeihen, der ihm etwas Schlechtes angetan hat, aber was bringt es, sich über vergangene Probleme zu ärgern? Löst dies die Probleme? Nein. Wir verankern dadurch nur Negatives in unserem Unterbewußtsein und dies kommt dann geballt in Form von Aktion = Reaktion wieder auf uns zurück.

Auch Jesus hat gesagt *„Liebet Eure Feinde"* und ich kann Ihnen aus eigener Erfahrung nur empfehlen, tun Sie es. Es macht Sie frei von negativen Gedanken und bringt Ihnen Tag für Tag mehr Gutes in Ihr Leben.

Nachdem Sie sich frei gemacht haben von früheren Problemen suchen wir nach den Eigenschaften, Interessen und Hobbies, welche Sie gerne machen. Was Sie gerne machen, können Sie gut und macht Sie erfolgreich. Dazu mehr in den kommenden Unterkapiteln.

Wir wissen nun auch, dass wir für ein glückliches Leben rundum glücklich sein sollten. Deshalb empfehle ich Ihnen täglich über positive Begriffe wie *„Liebe"*, *„Dankbarkeit"*, *„Friede"*, *„Glück"* und was Ihnen sonst noch wichtig ist, zu meditieren. Malen Sie sich die Begriffe mit Ihren Wunschvorstellungen aus und wünschen Sie sich selbst und dem Rest der Welt nur noch Gutes.

Damit schaffen Sie sich selbst positive Gedanken und vertreiben negative Gedanken aus Ihrem Gedächtnis. Jeder von uns hat mehr oder weniger negative Gedanken und Sie werden, wenn Sie sich mit diesem Thema neu befassen, feststellen, wie viele solche negativen Gedanken in uns verankert sind. Diese werden aber mit Ihren Meditationen über positive Dinge immer mehr abnehmen.

Bild 6: Alte Probleme lösen

"Machen Sie sich frei von alten Problemen und schauen Sie ab Heute immer nur noch in die Zukunft. Die Zukunft beginnt mit unseren Gedanken von Heute."

Manfred Bogenschuetz

5.1 Was benötige ich zur Wunscherfüllung

Sie benötigen für die Umsetzung Ihrer Wünsche und Ziele folgende Gegenstände: Ein Pentagram, ein Athame, das ist ein Ritualmesser mit zweischneidiger Klinge, viele unterschiedliche Badesalze, ein Weihrauchgefäß oder eine Räucherschale mit Weihrauch und verschiedenen anderen Räucherstäbchen, Räucherkegel oder pulverisierter Räuchermittel, verschiedene Federn, Salz, mindestens eine Glocke, einen Hexenkessel, einen Kelch oder eine Wasserschale, einen Zauberstab, Zauberkleidung, mindestens einen Kerzenständer und Kerzen in verschiedenen Farben, einen Altar, einen magischen Zirkel, Lavendelöl und möglichst viele weitere aromatische Öle wie Pfefferminzöl, Geraniumöl, Bergamotteöl, Rosmarinöl, einen Mörser mit Stößel, einen Duftstein, Kamille, Anis, Rosenwasser, einen Spiegel, einen Stein mit einem Loch in der Mitte, ein Lederband, ein grünes Baumblatt, eine gelbe und eine blaue Blume, Erde, einen Briefumschlag, ein Blatt Papier, einen Stift, einen gelben, braunen und weißen Faden, einen Stock, getrockneten Salbei, Rosmarin, Rosenblätter, Fenchel, ein Foto Ihres Partners und vieles mehr.

All diese Dinge habe ich in einem Hexenbuch gelesen, sind wichtig für die Erfüllung einer Hexerei, welche letztendlich nichts weiter tut, als Ihre Wünsche ins Universum zu stellen. Es werden dabei viele Rituale beschrieben und all diese Rituale sind so dargestellt, dass Sie nur Gutes tun, positive Gedanken haben, Ihre positive Energie nutzen, Ihren Willen lenken, Körper, Geist und Seele reinigen und somit Ihre positiven Wünsche ins Universum senden sollen, um durch die Macht Ihrer Gedanken in Form von Aktion = Reaktion bzw. der Resonanz oder Anziehung Ihre Wünsche in Erfüllung gehen sollen.

Also vergessen Sie den ganzen Mist, den ich hier oben beschrieben habe.

Vielleicht steht in anderen Büchern noch, dass Ochsenblut, Pferdemist und Kakadu-Eier hilfreich sein können.

Sie brauchen keine Hilfsmittel.

Sie benötigen nichts weiter als Ihren freien Willen, ab sofort nur noch Positives zu denken, positiv zu handeln und somit Positives zurück zu erhalten.

Alles was Sie dazu benötigen, tragen Sie täglich mit sich. Ihre innere Göttlichkeit ist in Ihnen, Sie müssen sie nur nutzen und zwar im positiven Sinne. Wir alle nutzen sie aber oft im negativen Sinne. Dann fragen wir uns, warum uns Gott nicht hilft. Aber was hat Gott bzw. das Universum bisher gemacht? Es geschah nach unserem Willen.

Es scheint den meisten Menschen zu einfach zu sein, nur durch unser Denken alles erreichen zu können, was wir uns wünschen.

Es ist aber so. Ich selbst habe in diesem Buch einige meiner eigenen Erfahrungen aufgezählt.

Es ist einfach und genial.

Wenn Sie es gerne schwer haben möchten, dann empfehle ich Ihnen ein Buch über Hexerei oder Zauberei, und alle zusätzlichen Hilfsmittel zu kaufen. Das Resultat ist letztendlich dasselbe.

Fazit: Alles, was Sie für ein glückliches Leben im Paradies Erde benötigen, ist in Ihnen, Sie müssen es nur nutzen und daran glauben.

Bild 7: Keine Hexerei

5.2 Meine Eigenschaften

In diesem Kapitel befassen wir uns nun mit Ihren Eigenschaften. Sie können dazu Notizen machen, denn schriftlich Festgelegtes verankert sich besser in Ihrem Unterbewußtsein und genau da gehört es hin. Ihr Unterbewußtsein muß wissen, was Sie wollen, dann wird es automatisch als Wunsch ans Universum gesendet und verwirklicht. Deshalb dürfen in Ihrem Unterbewußtsein keine negativen Gedanken mehr vorhanden sein denn sonst werden auch diese verwirklicht. Wenn Sie sich über Eigenschaften von irgendwelchen Personen oder Dingen, sei es Ihr Partner, wer oder wer auch immer, ärgern, werden Sie auch diese Eigenschaften immer wieder anziehen und antreffen. Es ist ja Ihr Wunsch, oder?

Ich finde es schon sehr genial, wie das Universum arbeitet. Wir denken etwas, ob gut oder schlecht, und ziehen diese Dinge dann automatisch an. Ist das nicht toll? Vielleicht haben Sie nun den Einwand, *„ich finde es gar nicht toll, dass mein Partner seine Wäsche und sein Geschirr nicht aufräumt*", aber waren dies nicht schon vorher Ihre Nörgeleien an ihm, Ihren Geschwistern oder waren vielleicht Sie selbst früher in geringem Maße so und wurde an Ihnen rum genörgelt? Alles hat seine Ursache in uns selbst und alles hat seinen Sinn.

Weil wir uns nun aber Ihr glückliches Leben wünschen, ändern wir unsere Meinung und unsere Gedanken dahingehend, dass wir uns erst einmal genau überlegen, wie unser Leben sein sollte. Denken Sie dabei nicht, wie Ihr Leben nicht sein soll denn das Universum kennt die Worte *„nicht"* usw. also Verneinungen nicht. Drücken Sie alles im positiven Sinne aus.

Wenn Sie sich nun also wünschen dass Sie einen freien Parkplatz bei Ihrem nächsten Einkauf antreffen möchten, dann wünschen Sie sich nicht dass nicht jeder Parkplatz besetzt sein soll sondern stellen Sie sich freie Parkplätze vor oder lassen Sie diesen Wunsch einfach ganz weg und nörgeln auch nicht über ständig besetzte Parkplätze.

Wenn Sie sich wünschen dass Ihr Partner liebevoller sein sollte dann denken Sie nicht daran dass er keine Gewalt an Ihnen ausübt und nicht grob zu Ihnen ist sondern wie er Ihnen Liebe und Zuneigung schenkt.

Ich glaube Sie verstehen was ich meine.

Wenn Sie eine Wunschliste anfertigen, können Sie nun alle Ihre Eigenschaften, welche Sie an sich gut finden, mit in die Liste aufnehmen, denn diese Eigenschaften möchten Sie sicher auch bei Ihren Freunden und Bekannten antreffen, oder?.

Was sind Ihre Eigenschaften?

Alles was Sie gerne machen, wie Sie sich verhalten, was Sie gerne erreichen möchten, wie Sie sich gerne Kleiden, wo Sie gerne ausgehen, wie Sie sich Ihren Haushalt vorstellen, usw. Lassen Sie Ihren Gedanken freien Lauf und notieren Sie sich alles, was Ihnen an Ihnen selbst gefällt.

Lassen Sie alle Eigenschaften weg, die Ihnen nicht gefallen. Jeder von uns hat auch Eigenschaften, welche er selbst nicht mag. Solche Eigenschaften nicht verneinend mit in die Liste aufnehmen. Wenn Sie solche Eigenschaften verändern möchten, dann nehmen Sie die Eigenschaft mit auf, welche sie als Ersatz gerne haben möchten. Also immer im positiven Sinne. Als Ersatz für *„keinen Hass mehr"* könnte *„nur noch Liebe"* stehen, als Ersatz für *„ich bin zu dick oder ich bin zu schlank"* könnte *„ich möchte schlanker oder dicker sein"* oder noch besser *„ich habe eine ideale Figur"* stehen.

„Gemeinsame Eigenschaften, Hobbies und Interessen verbinden.
Gleich denkende und handelnde Menschen gesellen sich gerne.
Wollen Sie Positives oder Negatives anziehen?
Ihr freier Wille entscheidet."

Manfred Bogenschütz

5.3 Meine Hobbies

Wir brauchen zum Ausgleich unserer täglichen Pflichten Hobbies.

Sicher gibt es Menschen welche auf den ersten Blick keine ersichtlichen Hobbies haben. Aber alles was wir gerne machen ist unser Hobby.

Stellen Sie sich Ihre Hobbies so vor, wie Sie diese gerne verbringen möchten. Vielleicht stellen Sie diese auch auf Ihre Zielliste. Malen Sie sich Ihre Hobbies detailliert aus. Z.B. ein Bild von Ihrem Kegelclub, Ihrem Stammtisch oder was auch immer.

Denken Sie nicht an Hobbies, welche nicht zu Ihnen passen. Wenn Sie z.B. nicht gerne tanzen aber stets denken, dass Ihr Partner gut tanzen kann und oft ohne Sie tanzen geht was Ihnen gar nicht zusagt, dann wird Ihr Partner immer besser tanzen und zunehmend immer mehr ohne Sie ausgehen, es ist ja Ihr Denken, also Ihr Wunsch.

Ich nenne immer wieder das Tanzen, weil ich selbst gerne tanze und ich solche Menschen zu genüge kennengelernt habe, also aus Erfahrung berichten kann. Dies gilt natürlich für jedes andere Hobby genauso.

Wir sollten uns stets um Hobbies bemühen, welche uns selbst Freude bereiten. Vielleicht können Sie sich ja auch für die Hobbies und Interessen Ihres Partners begeistern oder Ihr Partner für Ihre Hobbies und Interessen. Das macht aber nur Sinn wenn Sie beide es gern machen.

Wenn Sie mit Ihrem Partner oder Freunden bisher unterschiedliche Hobbies hatten und dies gerne künftig ändern möchten, betrachten Sie gedanklich die Situation, wie Sie die bisher gegensätzlichen Hobbies und Interessen gemeinsam gerne unternehmen und schauen Sie was passiert.

Ich habe selbst bei meiner Ehe und verschiedenen Beziehungen die Erfahrung gemacht, dass ich und meine Partnerin zu wenig gemeinsame Hobbies und Interessen hatten. Das ging meist schief. Wenn wir dann begannen, auch nur hin und wieder getrennt solchen Hobbies nach zu gehen, ging es nicht allzu lange, bis meine Partnerinnen einen neuen Partner hatten. Natürlich trauere ich solchen untreuen Partnern nicht nach, diese haben mich nicht verdient. Aber wir streben doch alle eine harmonische Beziehung an. Dieselben Probleme sah ich bei vielen anderen Paaren. Ich bin nun mehr als zwei Jahre mit meiner Partnerin Melitta zusammen und alle unsere Hobbies und Interessen sind gleich. Wir haben uns gewünscht und gefunden und ich kann nur sagen, dass gemeinsame Hobbies und Interessen uns immer mehr verbinden.

Dies schreibe ich hier zwar in Bezug auf Partnerschaft, aber dies gilt auch für sonstige Freundschaften. Wir ziehen magisch an, was in unserem Unterbewußtsein verankert ist.

Um Ihrem Leben eine besondere Würze zu geben und damit Sie in Ihr Leben möglichst viele Menschen mit gleichen Hobbies anziehen, dürfen Sie Ihre Hobbies in Ihre Zielliste so aufnehmen, wie sie Ihre Hobbies künftig gerne antreffen möchten.

Auch hier gilt natürlich, alles im positiven Sinne zu notieren und nur die Hobbies mit aufzunehmen, welchen Ihnen Spaß machen bzw. solche Hobbies, welche Sie künftig vielleicht noch gerne erlernen möchten.

„Dein Hobby macht Dich glücklich.
Teile es mit Jemand und Dein Glück verdoppelt sich.
Teile es mit Vielen und Dein Glück vervielfacht sich.“

Manfred Bogenschütz

5.4 Bin ich mit mir zufrieden?

Jeder hat so seine Vorstellung dessen, wie er bzw. sein Partner oder auch Freunde und Bekannte aussehen sollten.

Vielleicht leben Sie in einem bestimmten Umfeld, wo das Aussehen bzw. die Etikette stimmen muß. Dies kann sowohl private als auch geschäftliche Hintergründe haben.

Für Ihr glückliches Leben kommt es aber nicht auf das Aussehen an sondern auf die gegenseitige Sympathie, die Anziehung, die Resonanz. Wenn wir mit unserem Gegenüber auf derselben Wellenlänge sind, dann sind wir glücklich und zufrieden.

Sie können sich aber auch eine Veränderung Ihres Umfeldes wünschen.

Denken Sie sich Ihre Mitmenschen so, wie Sie diese gerne hätten. Lassen Sie aber dann von dem Wunsch los und akzeptieren Sie alle so wie sie sind. Nörgeln Sie nicht an deren Aussehen oder Verhalten rum.

Wie wollen nun aber Sie selbst aussehen bzw. sein?

Schlanker, dicker, größer, kleiner, Waschbrettbauch oder Knuddelbär, schwarzes oder blondes Haar?

Sie haben sicher Ihre Vorstellung und diese darf in Ihrem Unterbewußtsein wachsen.

Was Sie beachten sollten. Wenn Sie an anderen Menschen rumnörgeln, der eine ist zu dick, der andere ist ein Zwerg, wieder ein anderer ist wie ein Gammler angezogen usw., verankert sich auch dies in Ihrem Unterbewußtsein und wird in Gedanken ans Universum gesendet. Das Universum sorgt dann vielleicht gerade dafür, dass Sie sich dahingehend verändern, wollen Sie das?

Sicher nicht und gerade deshalb sollten Sie alle Menschen so akzeptieren wie Sie sind. Angefangen bei sich selbst. Wenn Sie sich selbst nicht akzeptieren und lieben, können Sie von niemand erwarten dass er Sie liebt. Betrachten Sie alle Menschen als Individuen und beurteilen Sie möglichst an jedem Menschen nur seine guten Seiten. Was Ihnen an Jemand nicht gefällt ist vielleicht gerade das, was Denjenigen für jemand Anderen attraktiv macht.

Erfreuen Sie sich an der Vielfalt von Menschen, denn ohne diese Vielfalt würden viele Menschen nicht den richtigen Partner für sich finden.

Jesus sagte *„Sehet die Lilien, …“*. Auch er hat alle Menschen, Tiere und Pflanzen so geliebt, wie sie waren.

Sie können sich Bilder von Ihren Idolen an die Wand hängen um Ihr Unterbewußtsein zu sensibilisieren und darauf aufmerksam zu machen, was Sie sich von Ihrem Umfeld und von sich selbst wünschen. Vielleicht verändert sich dadurch Ihr Umfeld und auch Sie selbst.

Freuen Sie sich über alle und alles und zeigen Sie, was Ihnen besonders gefällt.

Ein kleines Lob wirkt Wunder. Bei Freunden, beim Partner und vielleicht sogar bei der Person im Spiegel.

Senden Sie positive Gedanken über andere Menschen aus und Ihnen wird Positives widerfahren.

Durch Ihre Gedanken ziehen Sie vergleichbar dem Gesetzt der Resonanz und dem Gesetzt der Anziehung das an, was in Ihrem Herzen verankert ist.

Aber wie gesagt, auf nichts drängen, nicht nörgeln, das würde genau das Gegenteil bewirken. Lob, positives Denken und Akzeptanz der momentanen Situation ist gefragt.

„Ein Lob wirkt Wunder.
Haare können sich verfärben.
Eine Figur kann durch
positives Denken
über Gesundheit
sowie durch Sport
positiv verändert werden.
Was wünschen Sie sich?“

Manfred Bogenschütz

5.5 Mein Beruf

Begeistert Sie Ihr Beruf? Sind Sie mit Ihrem Beruf zufrieden? Gehen Sie Ihrem Job nur ungern nach, weil Sie es müssen?

Auch hier hat jeder seine eigene Vorstellung.

In Ihrem Unterbewußtsein verankert sich alles, was Sie sich denken. So auch das was Sie von Ihrem Job halten.

Wenn Sie ungern zur Arbeit gehen, vergeht die Zeit nur sehr langsam, Sie ärgern sich über jede Kleinigkeit, sie werden vermutlich immer wieder krank und auch in allen anderen Lebenslagen werden Sie auf negative Dinge stoßen, weil das Universum diese negativen Gedanken von Ihren positiven Wünschen nicht unterscheiden kann.

Sie können in Ihrer Zielliste bzw. Wunschliste Ihre Vorstellung dessen mit aufnehmen, was Sie sich in beruflicher Hinsicht gerne wünschen.

Sie sollten, wenn Sie unglücklich Ihrer Arbeit nachgehen und sich eine Veränderung wünschen, mit Ihrem Arbeitgeber über die Situation und eine angestrebte Veränderung reden.

Vielleicht hat auch Ihr Arbeitgeber das Bedürfnis einer Veränderung und hat nur noch keine Lösung. Gemeinsam finden sie eine Lösung besser als im Alleingang. Drängen Sie nicht auf eine Veränderung sondern sprechen Sie Ihre Wünsche aus.

Sie und Ihr Arbeitgeber müssen sich wohl fühlen. Der Job sollte jedem Spaß machen was ich in meinem Buch aus dieser Serie „Liebes Universum“ mit dem Titel „Meine Arbeit soll Spaß machen“ ausführlich erkläre.

Nun, Sie können, wenn Sie eine berufliche Veränderung anstreben, auch diesen Wunsch mit auf Ihre Zielliste setzen. Wollen Sie mehr verdienen, mehr Freizeit haben oder was auch immer? Für das Universum ist Ihr Wunsch ein Befehl, der erfüllt werden kann. Es gibt viele Möglichkeiten.

So hat jeder seine Wunschvorstellung und zieht magisch das an, was er durch seine Gedanken im Unterbewußtsein als Wünsche im Universum bestellt.

Glauben Sie an diesen Hokuspokus? Egal, ob Sie daran glauben oder nicht, es wird geschehen. Wenn Sie nicht daran glauben, wird auch dies geschehen und Sie werden genau das Gegenteil anziehen, denn dann ist ja Ihr Glauben darauf gerichtet, dass sich keine Veränderung einstellen wird. Und schon hat sich unser Wunsch wieder erfüllt.

Gigantisch, nicht wahr.

Auch hier kann ich Ihnen nur empfehlen, dass Sie über alle Menschen, egal welchen Beruf sie ausüben, positiv denken. Wenn wir zuviel über Berufe, welche uns nicht zusagen oder über Arbeitslose und Sozialfälle lästern, werden Diese Teil unserer Gedanken und das Universum bringt uns dieses Schicksal vielleicht selbst immer näher. Diese Menschen bedürfen unserer Hilfe und sollten von uns unterstützt werden. Helfen Sie, indem Sie diesen Menschen wie ich näher bringen, dass sie durch positives Denken auch Ihr Leben verbessern können. Aus eigener Erfahrung weiß ich, dass Menschen, welche eine schwere Zeit hinter sich haben, nur schwer an eine glückliche Zukunft glauben können und dass wir mit unseren positiven Worten oft gegen eine Wand laufen.

Wenn diese Menschen jedoch erst einmal die ersten positiven Erfahrungen durch positives Denken und Handeln gemacht haben, dann sind diese Menschen sogar offener und empfänglicher für unsere Hilfe.

Menschen mit schlechten Erfahrungen haben oft auch ein gutes Herz. Sie sind Hilfsbereit und geben oft ihr letztes Hemd für Jemand der friert.

Akzeptieren Sie andere Menschen und deren Berufe so wie sie sind. Lieben Sie Ihren Beruf und freuen Sie sich auf jede Veränderung, die beruflich so sein wird, wie Sie es sich wünschen.

Akzeptieren Sie auf jeden Fall die Situation so wie sie momentan ist.

Wenn Sie Ihren Job wechseln möchten, dann machen Sie sich bevor Sie auf die Suche nach einer neuen Stelle gehen Gedanken darüber, was Ihnen wirklich Spaß macht. Machen Sie Ihr Hobby zum Beruf. Wenn Sie Ihre Arbeit gerne machen, leisten Sie erheblich mehr und Sie werden enorm erfolgreicher, glücklicher und sogar gesünder sein.

Als ich früher zum Teil nicht so gerne zur Arbeit ging, war ich viel öfter krank als wenn ich gerne zur Arbeit ging und Heute gehe. Ich musste mich nicht krank stellen, nein, das Universum hat mich schon richtig krank gemacht.

Ob eine Erkältung für eine Woche oder auch größere Erkrankungen, das Universum weiß, wie lange wir nicht zur Arbeit wollen.

„Erfüllen Sie sich Ihre beruflichen Wünsche.“

Manfred Bogenschütz

5.6 Meine privaten Verhältnisse

Sind Sie mit Ihren privaten Verhältnissen unzufrieden, zufrieden oder glücklich?

Leben Sie alleine oder haben Sie einen Partner oder Familie?

Wie Sie sich Ihr Leben vorstellen unterliegt Ihrem freien Willen und spielt auch keine Rolle für dieses Thema. Warum wir dann hier auf die privaten Verhältnisse eingehen? Weil Sie glücklich sein sollten.

Sind Sie bereits so glücklich wie die Situation gerade ist oder wünschen Sie sich eine Veränderung?

Damit das Universum Ihnen auch in Beziehung zu Ihren privaten Verhältnissen hilfsbereit zur Seite stehen kann, sollte Ihr Unterbewußtsein wissen, was Sie sich vorstellen. Aber wie machen wir das?

Denken Sie nie negativ über das Leben Anderer wenn dies nicht Ihrer Vorstellung von einem glücklichen Leben entspricht. Sie wissen, jeder hat andere Vorstellungen und für Jeden ist seine Vorstellung dessen am Richtigsten. Lassen Sie Andere so leben wie sie es sich wünschen.

Denken Sie möglichst an Singles, Paare oder Familien, die so leben wie Sie es sich wünschen. Senden Sie diesen Menschen gedanklich, vielleicht bei Ihren Meditationen, Liebe und Dankbarkeit, Freude und Glück, aber niemals mit Neid und Gier.

Durch solche Gedanken verankern Sie in Ihrem Herzen tief in Ihrem Unterbewußtsein ein nach Ihren Wünschen und Vorstellungen erfülltes Leben. Dies wird dann automatisch als Wunsch ins Universum gesendet und bei Ihren Liebesbeziehungen verwirklicht.

Sie können sich auch Details Ihrer gewünschten Wohnverhältnisse vorstellen. Diese Details stellen Sie sich dann am besten so vor, als wären sie bereits Realität. Vielleicht ein gemütliches Zusammensein mit Ihrem Partner auf dem gemeinsamen Sofa am offenen Kamin. Vielleicht eine schnuckelige Singlewohnung, vielleicht aber auch etwas ganz anderes. Ganz nach Ihrem freien Willen.

Wünschen Sie sich vielleicht Kinder und es hat bisher noch nicht geklappt? Denken Sie auch hierbei positiv und nur an glückliche Paare mit Kindern. Akzeptieren Sie die Situation so wie sie bei Ihnen ist. Auch wenn Sie keine Kinder bekommen können, hat dies sicher seinen Sinn. Ihr Unterbewußtsein kennt die wahren Gründe besser als Sie und ich. Machen Sie niemand verantwortlich dafür. Leben Sie Ihr glückliches Leben so wie Sie es können und für richtig halten.

Vielleicht wünschen Sie sich auch Haustiere. Binden Sie auch Diese in Ihre Gedanken ein. Wenn Sie Ihrem Unterbewußtsein Haustiere als liebevolle Mitbewohner zu Ihrem glücklichen Leben beifügen, dann werden Sie auch diesem Ziel näher gebracht.

Bringen Sie Ihre negativen Gedanken aus sich heraus. Sie haben keine negativen Gedanken? Das kann ich kaum glauben.

Wir Menschen sind prädestiniert für schlechte Gedanken. Aber ich bin guter Hoffnung dass sich dies in den nächsten Jahren ändert. Wir haben das Paradies auf dieser Erde und ich wünsche mir, dass viele Menschen dies erkennen, mit oder ohne meine Hilfe.

Ich beschäftige mich seit vielen Jahren mit dem Thema und trotzdem kommen auch mir noch hin und wieder negative Gedanken. Aber wir sind gemeinsam auf dem besten Weg.

Ich wünsche Ihnen jedenfalls alles Gute für Ihr ganzheitlich glückliches Leben und freue mich mit Ihnen auf ein Leben, so wie Sie es sich vorstellen.

„Es gibt kein Falsch oder Richtig, Gut oder Schlecht. Was Einer für schlecht ansieht ist für Andere vielleicht gut. Kaum jemand macht Fehler, Schlechtes und Falsches bewußt. Jeder hat seine eigene Wahrheit."

Manfred Bogenschütz

5.7 Finanzen – Macht Geld glücklich?

Sicher haben Sie über Geld eine eigene Meinung. Wir benötigen Geld um uns zu leisten, was wir brauchen. Ohne Geld kommen wir auf der Erde nicht weit. Geld macht weder glücklich noch unglücklich. Geld hat mit Glück nichts zu tun. Jeder definiert auch Glück anders. Der Eine ist glücklich wenn er sich sein erstes Auto, vielleicht ein altes Fahrzeug, kaufen kann. Der Andere ist glücklich, wenn er das Ticket für die Busfahrt bekommt, wieder ein Anderer ist glücklich, wenn er seinen zweiten Porsche fährt. Es gibt auch Menschen, welche auf der Straße sitzen und glücklich über eine Spende für eine Zigarette sind.

Was benötigen Sie um glücklich zu sein? Gehören finanzielle Dinge dazu? Dann lassen Sie Ihr Unterbewußtsein wissen, was Sie sich wünschen.

Nicht jeder hat den Wunsch, Millionen zu haben.

Denken Sie sich Ihre Finanzen so, wie Sie es sich wünschen.

Akzeptieren Sie andere Menschen so wie sie sind und vermeiden Sie Neid, Gier und was es sonst noch so Negatives gibt. Sie wissen ja, wir bekommen geballt das zurück was wir aussenden.

Gönnen Sie jedem seinen Erfolg und lieben Sie arme genau so wie reiche Menschen.

Stellen Sie sich vor, was Sie unternehmen können wenn Sie so viel Geld haben wie Sie es sich wünschen. Ihre Vorstellung ihrer Finanzen legt dabei den Grundstein für Ihre Gedanken dazu. Wenn Sie sich keinen Reichtum wünschen, dann werden Sie sicher nicht vom Traumurlaub in der Karibik denken sondern z.B. an einen Spaziergang im Park nebenan. Wenn Sie sich Reichtum wünschen, dann dürfen Sie sich jedoch jeden erdenklichen Traumurlaub vorstellen, die Fahrt in Ihrem Traumauto, die Romantik im eigenen Heim. Auch hier sind Ihren Vorstellungen keine Grenzen gesetzt. Die Grenzen setzen Sie sich selbst.

Lassen Sie los von Ihren Gedanken und freuen Sie sich auf ein glückliches Leben. Akzeptieren Sie Ihre finanzielle Situation wie sie gerade ist. Weder Gier noch Neid bringt Sie Ihren Zielen näher sondern die Liebe und Dankbarkeit in Ihrem Herzen und Ihre innere Göttlichkeit, die in jedem von uns inne wohnt.

Können Sie sich alles leisten was Sie sich wünschen? Die Antwort sollte *„Ja“* sein, auch wenn dem noch nicht so sein sollte. Wenn Sie an sich selbst glauben dann hat es das Universum leichter, Ihnen Ihre Wünsche zu erfüllen.

Sie fragen sich vielleicht, wie kann ich mich reich und glücklich fühlen, wenn dem nicht so ist. Eine Pflanze kann nur so gut gedeihen wie das Korn aus dem es wächst.

So verhält es sich auch mit unserem Leben, unserer Liebe und allem was mit uns geschieht. Nur was wir uns vorstellen können kann sich auch erfüllen. Jede Erfindung basiert auf dieser Tatsache. Viele Menschen erklären Sie für verrückt, wenn Sie eine Idee haben, welche noch nicht realisiert wurde. Wer hätte im Jahre 1800 geglaubt, dass wir mit elektrischem Strom Tageslicht erzeugen und kochen oder gar unsere Wohnung mit Strom, Gas oder Heizöl beheizen? Oder dass wir mit motorisierten Fahrzeugen fahren? All die Erfinder solcher Techniken wurden zu Beginn Ihrer Idee belächelt. Ihre Gedanken haben sich aber erfüllt, sonst würden wir dies alles nicht erleben. Glauben Sie also an die Erfüllung Ihrer Träume.

In meinem Buch aus dieser Serie „Liebes Universum“ mit dem Titel „Wie werde ich Reich“ ist wie in jedem Buch dieser Serie beschrieben, wie Sie sich durch die Macht Ihrer Gedanken Reichtum anziehen können. Aber das brauchen Sie sich nicht anzuschaffen, denn die Erkenntnisse aus diesem Buch können Sie genau so weit bringen. Der Grundgedanke und die Kernaussage ist in all meinen Büchern aus dieser Serie dieselbe. Nur noch positiv Denken und Handeln, Liebe und Dankbarkeit für alle.

Ich habe mal ein Sprichwort gehört, das mir sehr gut gefallen hat. Leider weiß ich nicht mehr von wem es stammt. Hier das Sprichwort.

"Vor Gott sind alle Menschen gleich, doch Manche sind etwas gleicher, denn Die sind etwas reicher."

Verfasser Unbekannt

5.8 Zusammenfassung des fünften Kapitels

In diesem Kapitel haben wir unsere Wünsche und Vorstellung unseres Lebens definiert, um unserem Unterbewußtsein klar zu machen, was wir wollen damit diese Wünsche vom Universum erkannt und erfüllt werden können.

Die Eigenschaften, Interessen, Hobbies sowie der Beruf von Ihnen haben Sie sich nun so in Ihrem Unterbewußtsein verankert, wie Sie es sich wünschen. Auch über Ihre privaten Verhältnisse, ob Sie heiraten wollen und ob Sie sich Kinder wünschen, haben Sie sich Gedanken gemacht. Nicht zuletzt haben Sie sich über die finanzielle Situation, wie Sie gerne leben möchten und wie Sie finanziell aufgestellt sein wollen, positive Gedanken gemacht.

Sicher haben wir noch das eine oder andere vergessen. Was wünschen Sie sich noch für Ihr glückliches Leben?

Dazu haben Sie nun noch die Gelegenheit, sich detaillierte Gedanken zu machen. Lassen Sie Ihrer Fantasie freien Lauf. Beginnen Sie eine Ziel- bzw. Wunschliste und überarbeiten Sie diese bei jeder Idee, die Ihnen durch den Kopf schwirrt.

Wie Sie sich die Erfüllung Ihrer Wünsche im Universum bestellen und wie Sie diese realisieren, das erfahren wir im nächsten Kapitel.

"Achten Sie auf Ihre Gedanken denn es könnte passieren, dass sie sich als Wünsche erfüllen.

Jede Erfindung basiert auf einer Idee im Kopf eines Menschen."

Manfred Bogenschuetz

Bild 8: Meditation in den Bergen

"Meditieren Sie.
Nehmen Sie Verbindung mit
dem Universum auf."

Manfred Bogenschuetz

6 Die Umsetzung meiner Wünsche

Sie haben sich nun vorbereitet indem Sie Ihrem Unterbewußtsein verständlich gemacht haben, wie Sie Ihr künftiges Leben verbringen möchten.

Sie haben sich auch frei gemacht von negativen Gedanken und senden Liebe und Dankbarkeit für und an alles dieser Welt.

Niemand kann Ihnen eine Garantie für das Erreichen aller Ihrer Wünsche geben, weder ich noch sonst Jemand.

Es liegt an jedem selbst ob er an sich selbst und seine eigene innere Göttlichkeit glaubt oder nicht.

Wenn Sie sagen, dass dies alles Hokuspokus und Unsinn ist, auch dann wird sich Ihr Glaube verwirklichen. Dann nämlich gerade so, dass sich nichts einstellen wird. Vertrauen Sie auf sich und auf die Kraft und Macht Ihrer Gedanken.

An dieser Stelle möchte ich wieder einmal kurz auf Jesus Christus eingehen. Er hat uns gelehrt, dass wir alle Brüder und Schwestern sind, dass wir alle Eins sind und wir alle die gleichen Fähigkeiten haben wie er sie hat. Aber die Menschen haben dies nicht geglaubt. Er sagte zu den Geheilten *„Dein Glaube hat Dich geheilt"* und zu den Jüngern im Boot, welches im Sturm fast unter ging *„Euer Glaube ist nicht stark genug"*. Wir glauben auch nicht, dass wir über das Wasser laufen können. Haben wir daran geglaubt, dass ein Stahlklotz einmal fliegen könnte? Unsere Flugzeuge sind der Beweis. Wir suchen immer nach Beweisen wenn wir uns etwas nicht vorstellen können. Erst wenn wir das Unmögliche sehen, glauben wir an die Möglichkeiten.

Auch wenn Sie noch nicht an die Verwirklichung Ihrer Träume glauben, können Sie die Bestellungen im Universum ausprobieren. Es kostet Sie ja nichts. Vielleicht funktioniert es ja trotzdem und dann haben Sie den ersten Beweis für Ihre Fähigkeiten.

Viel Glück bei der Erfüllung Ihrer Wünsche.

Durch das Buch von Barbara Mohr *Der kosmische Bestellservice – Eine Anleitung zur Reaktivierung von Wundern* und durch ähnliche Bücher habe ich gelernt, Bestellungen im Universum aufzugeben. Ich habe viele Bestellungen aufgegeben. Manche wurden bereits erfüllt, andere noch nicht, da ich noch nicht davon loslassen konnte. Große Wünsche sind oft schwer loszulassen. Dies ist aber ein wichtiger Schritt, welcher im Buch von René Egli *Das LOL²A-Prizip – Die Vollkommenheit der Welt* sehr genau beschrieben wird.

Ich habe auch mehrere Anläufe bei den Erfüllungen meiner Wünsche für mich gebraucht.

Haben Sie Vertrauen und Geduld.

Manche Wünsche erfüllen sich sofort, Andere brauchen etwas länger.

Haben Sie auch schon das Sprichwort gehört, *„kleine Sünden straft der Herr sofort“*? Auch hier treffen wieder Phänomene ein, welche wir als kleine Wunder bezeichnen könnten. Wir denken uns etwas schlechtes, eine sogenannte Sünde und dann passiert uns etwas. Dann hören wir von Anderen oder von uns selbst ein solches Sprichwort.

Ist auch Ihnen schon einmal so etwas passiert?

Auch hier können wir von Zufall sprechen oder auch von Aktion = Reaktion.

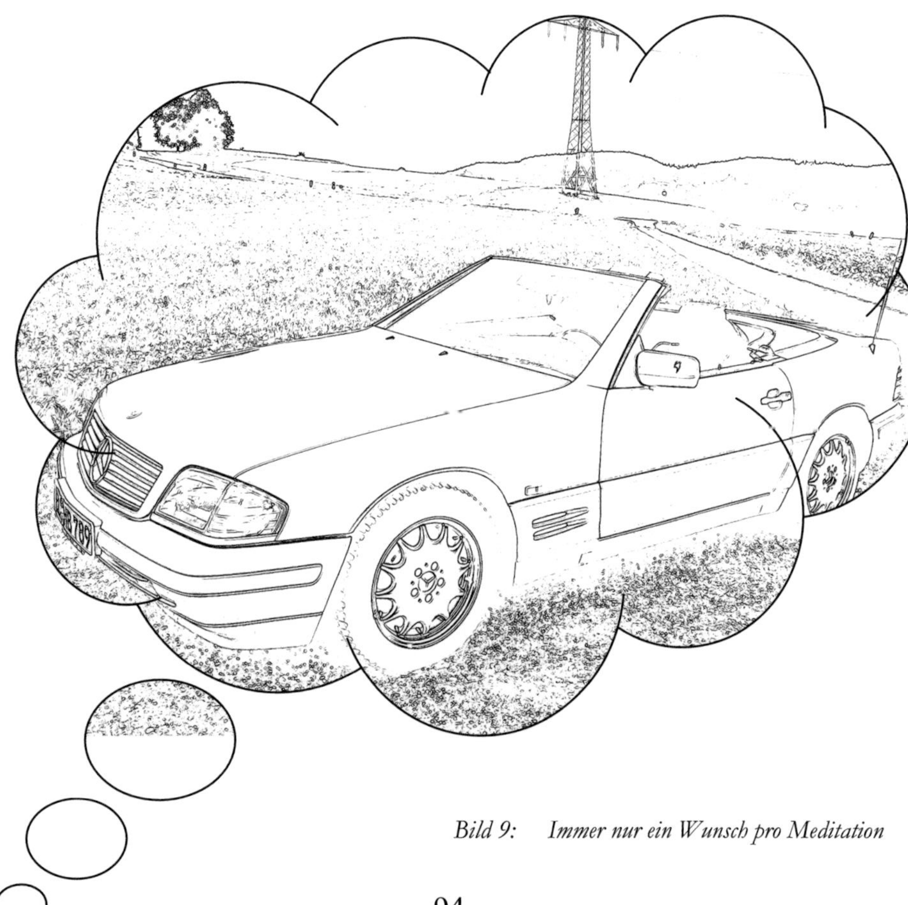

Bild 9: Immer nur ein Wunsch pro Meditation

6.1 Meditations-Vorbereitung

Sie haben in den vorherigen Kapiteln Ihrem Unterbewußtsein klar gemacht was Sie sich alles wünschen.

Sie haben sich eine Ziel- bzw. Wunschliste erstellt und möchten nun Ihre Wünsche vom Universum erfüllt bekommen.

Negative Gedanken und Nörgeleien an Dingen, welche Ihnen bisher nicht gefielen, haben Sie abgelegt. Sie denken nur noch positiv über andere Menschen, Tiere und Pflanzen.

Dann können wir nun getrost Ihre Wünsche ins Universum senden.

Nehmen Sie bei jeder Meditation nur einen Wunsch ins Visier und stellen Sie sich diesen Wunsch so genau wie möglich vor.

Machen Sie für jeden Wunsch eine eigene Meditation. Wenn Sie viele Wünsche haben, ist das gut für Sie, denn dann können Sie jeden Tag einen anderen Wunsch ins Universum stellen. Das kann bewirken, dass Sie von Ihren früheren Wünschen besser loslassen können, weil Sie sich nicht mehr jedem Wunsch noch bewußt sind.

Bestellungen im Universum sind so eine Art Gebete. Sie versetzen sich in die Lage, Ihr Unterbewusstsein anzusprechen, um somit Ihre Gedanken bewusst mit Ihren Wünschen zu versehen, so dass die Macht Ihrer Gedanken positiv beeinflusst wird.

Entspannungsübungen und ansprechen des Unterbewußtseins

Atmen Sie tief in Ihren ganzen Körper. Dabei sagen Sie, mit Worten oder in Gedanken: *„Ich bin ruhig, mein ganzer Körper ist ruhig“*. Sie können auch ähnliche Sätze verwenden, welche Sie für Ihre persönliche Entspannung bevorzugen.

Wenn Sie Wünsche ins Universum senden wollen, sollten Sie diese Atemübung solange machen, bis Sie merken, dass Sie in eine tiefere Ebene geraten, ich nenne es den Alphazustand. Um dies zu erreichen, können Sie zum Beispiel auch von Hundert auf Null zurückzählen und sich dabei immer wieder sagen *„Ich gehe in den Alphazustand“*, und bei Null angekommen, *„Ich bin im Alphazustand“*. Je öfter Sie die Übungen machen, reicht es mit immer kürzeren Zählphasen, so dass Sie vielleicht nur noch von Fünf auf Null zählen müssen, um den Alphazustand zu erreichen. Das Zählen ist aber nicht dringend erforderlich, es kann Sie nur unterstützen, in den Alphazustand zu kommen.

Wunschliste:

1. ______________________
2. ______________________
3. ______________________
4. ______________________
5. ______________________
6. ______________________
7. ______________________
8. ______________________

...

Bild 10: Meine Wunschliste

„Unser Unterbewußtsein ist das Tor zu unserer Seele."

Manfred Bogenschuetz

6.2 Mein Wunsch ans Universum

Machen Sie sich vor der Übung genau bewusst, welchen Wunsch sie erfüllt haben wollen und stellen Sie sich den Wunsch so genau wie möglich vor.

Wunscherfüllungs-Meditation

Versetzen Sie sich in den Alphazustand.

Sie atmen tief in jeden Teil Ihres ganzen Körpers. In die Arme, Hände Finger. In den Bauch, die Geschlechtsorgane, die Beine, Waden, Füße bis zu den Zehen. Ins Herz, die Stirn und bis über den Kopf.

Sagen Sie dabei: *„Ich bin ruhig. Mein ganzer Körper ist ruhig und völlig entspannt."* Wiederholen Sie diesen Satz solange, bis Sie sich völlig entspannt fühlen. Wenn Sie noch keine völlige Entspannung erreicht und Sie noch nicht merken, dass Sie eine tiefere Ebene erreicht haben, dann zählen Sie wie oben beschrieben von irgendeiner beliebigen Zahl zurück auf Null.

Nachdem Sie im Alphazustand angekommen sind, senden Sie Ihren Wunsch ins Universum. Sagen Sie dann Ihren Wunsch so, als wäre er schon eingetroffen. Beispiel: *„Ich wünsche mir ein Fahrrad. Es gefällt mir, ein Fahrrad zu haben. Ich fahre gerne an der frischen Luft mit meinem Fahrrad. Es ist so schön, mit meinem Fahrrad in der Natur zu fahren. Ich liebe mein neues Fahrrad. Danke für mein neues Fahrrad. Danke Universum. Danke Gott."*

Anstelle des *„Fahrrades"* nehmen Sie selbstverständlich Ihren speziellen Wunsch. Wenn Sie diesen Wunsch geschenkt erfüllt bekommen möchten, dann können Sie auch dies hinzufügen.

Auch hier können Sie sagen, was immer Ihr Bauchgefühl für richtig befindet. Sagen Sie aber nie, dass der Wunsch irgendwann in der Zukunft eintreffen soll. Die Zukunft kann noch weit in der Ferne liegen. Heute ist ihr bester Tag. Morgen kommt nie. Morgen ist morgen wieder erst morgen. Sagen Sie also die Sätze so, als ob Ihr Wunsch bereits in Erfüllung gegangen ist.

Abschluss jeder Wunscherfüllungs-Meditation

Zum Schluss jeder Bestellung müssen Sie langsam wieder zurück in die Realität kommen. Wenn Sie sich in den Alphazustand versetzt haben, dann zählen Sie nun wieder von Null bis Fünf und sagen Sie dann *„Ich verlasse nun den Alphazustand wieder"*. Dann strecken Sie sich und bewegen Sie langsam wieder ihren ganzen Körper. Die Wunscherfüllungs-Meditation ist zu Ende.

Liebes Universum

Erfülle mir meine Wünsche

Bild 11: Wunscherfüllung

7 Wie kommt nun das Glück zu mir?

"Was siehst du aber den Splitter im Auge deines Bruders, und den Balken in deinem Auge bemerkst du nicht? Oder wie kannst du zu deinem Bruder sagen: Halt, ich will den Splitter aus deinem Auge ziehen! - und siehe, der Balken ist in deinem Auge? Du Heuchler, zieh zuerst den Balken aus deinem Auge, und dann wirst du klar sehen, um den Splitter aus dem Auge deines Bruders zu ziehen!"

Matthäus 7,3-5

Bild 12: Das Glück auf der Gartenschaukel genießen

„Jesus hat uns bereits vor 2000 Jahren vermittelt, dass wir bei uns selbst anfangen müssen. Wollen wir nicht wie er leben?"

Manfred Bogenschuetz

7.1 Was ist nun zu tun?

Nehmen Sie Ihr Glück in die Hand. Denken Sie nicht ständig über Ihre Wünsche nach.

Genießen Sie Ihr Leben und üben Sie sich in Geduld, am Besten Sie denken erst gar nicht mehr daran, dass Sie je Probleme hatten.

Sie sollten in Ihrem eigenen Interesse nicht mehr über alte Kamellen diskutieren sondern nur noch nach vorne schauen.

Das Leben ist zu kostbar um sich mit Problemen herum zu schlagen.

Vertrauen Sie auf Ihre innere Göttlichkeit und zweifeln Sie nicht über die Erfüllung der von Ihnen gewünschten Dinge.

Gehen Sie gelassen Ihrem üblichen Tagesablauf nach und denken Sie nicht mehr an die bereits meditierten Wünsche. Lassen Sie los, das ist wichtig um Ihnen den Zufall dessen, was Sie sich wünschen, zu Teil werden zu lassen.

Hören Sie auf Ihre Eingebungen und auf Ihr Bauchgefühl. Das Universum wird Ihnen Ideen senden, welche Sie für die Erfüllung Ihrer Wünsche wahrnehmen müssen. Vielleicht werden Sie an Orte geführt, wo Sie auf das treffen, was Sie sich gewünscht haben. Vielleicht entdecken Sie in Zeitungen und Zeitschriften genau die Informationen, welche Sie für die Erfüllung Ihrer Wünsche benötigen. Vielleicht schalten Sie im Fernsehen zufällig eine Sendung an, welche Ihnen neue Einfälle bzw. Informationen vermitteln, welche Sie nutzen können um Ihre Wünsche zu erfüllen. Vielleicht treffen Sie auf Menschen, die Sie weiterbringen. Vielleicht bekommen Sie ein unvorhergesehenes Erbe oder Ihr Los in einer Lotterie gewinnt plötzlich, obwohl Sie schon Jahre lang vergeblich darauf warten. Das Universum hat viele Möglichkeiten, Ihnen Ihre Wünsche zu erfüllen aber Sie müssen Ihre Chancen auch nutzen.

Ich weiß, das hört sich alles so Hokuspokus mäßig an aber meine eigenen Erfahrungen haben Sie ja zum Teil gelesen und ich schreibe all das nur, weil ich meine Erfahrungen mit Ihnen teilen möchte. Ich habe auch noch viele Wünsche, die noch nicht in Erfüllung gegangen sind aber ich bin auf dem besten Weg. Von großen Wünschen fällt es auch mir schwer, los zu lassen und da liegt wieder der Haken, im Spiegel.

Akzeptieren Sie Ihr Leben so wie es ist. Vielleicht fällt es Ihnen leichter, auch von großen Wünschen los zu lassen. Ich wünsche es Ihnen und dass es Ihnen gelingt, alle Ihre Wünsche erfüllt zu sehen.

Freuen Sie sich mit und für alle Menschen, Tiere und Pflanzen und vor allem erfreuen Sie sich für jeden neuen Tag, den Gott uns schenkt. Leben Sie Ihr Leben und Ihre Wünsche werden in Erfüllung gehen.

„Eine Garantie gibt es für Artikel, welche Sie erwerben. So garantiere ich dafür, dass dieses Buch nach meinen Erfahrungen geschrieben und zum lesen ist. Der Verlag garantiert für ordentliche Verarbeitung. Was Sie mit dem Inhalt dieses Buches machen, wie Sie Ihren freien Willen einsetzen und was Sie durch Ihre Gedanken verursachen, dafür kann Ihnen niemand eine Garantie geben.“

Manfred Bogenschütz

8 Zusammenfassung und Kernaussage

Dieses Buch kann Ihr Leben positiv verändern. Es kann Ihnen einen Weg in ein glückliches Leben aufzeigen aber es kann Ihnen Ihren freien Willen, was Sie tun und lassen, nicht abnehmen.

Sicher gibt es noch unzählige andere Wege Ihre Wünsche zu erfüllen und ein glückliches Leben zu erreichen. Die hier beschriebenen Einzelheiten basieren auf den Erfahrungen des Autors und sind sicher nicht Allwissend und Alleingültig.

Mit der Kraft Ihrer Gedanken können Sie sich ein glückliches Leben erschaffen. Alles, was Sie in Ihrem Leben bisher erlebt und erschaffen haben, verdanken Sie Ihren positiven sowie negativen Gedanken.

Wir alle werden vorurteilslos geboren. Bereits in unserer Kindheit wurden die Meisten von uns durch negative Suggestionen negativ beeinflusst. Wenn erst einmal negative Gedanken in uns erschaffen sind, erleben wir die ersten negativen Erlebnisse und unsere negativen Gedanken verstärken sich immer mehr. Natürlich haben wir auch positive Gedanken. Wir verlieben uns und Liebe als wichtigstes Element in unserem geistigen Unterbewusstsein ermöglichen uns positive Veränderungen.

Die Erde ist ein Paradies. Alles was wir benötigen, gibt es in Hülle und Fülle. Schauen Sie sich die Natur an. Welche Pracht stellen die Pflanzen und Tiere in unserer Natur da? Sie kennen keine negativen Gedanken. Gott kleidet und ernährt Sie mit allem, was sie brauchen.

Wenn wir uns ein positives, glückliches Leben im Paradies Erde wünschen, müssen wir wie unsere Kinder in unseren ursprünglichen Zustand zurück. Wir müssen unsere negativen Gedanken aus unserem Gedächtnis verbannen und nur noch positiv Denken und Handeln.

All unsere Gedanken werden vom Universum aufgenommen und als Wünsche für uns realisiert. Dies stellt ein Naturgesetz dar. Wir können dieses Naturgesetz Aktion = Reaktion nennen. Es bedeutet, dass alles, was wir tun oder mit unseren Gedanken aussenden, auf uns zurückkommt. Wir können es auch das Gesetz der Anziehung, vergleichbar mit dem Gesetz der Resonanz, nennen. Es besagt, dass wir alles magisch anziehen, was wir aussenden. Beides hat dieselbe Aussage bzw. Wirkung.

Ob ein allgemeines glückliches Leben oder wie hier in diesem Buch verschiedene individuelle Wünsche angestrebt werden, spielt keine Rolle. Alles beginnt mit unseren Gedanken.

Meine Erfahrungsberichte zeigen, wie sich bei mir negative und positive Gedanken erfüllt haben. Dadurch, dass ich mich erst seit ein paar Jahren intensiv mit dem Thema *„Die Macht unserer Gedanken"* befasse und danach lebe, kann ich selbst erst von meinen kleinen Wundern sprechen. In meinem Buch „Glücklich Leben im Paradies Erde", welches bereits hundertfach verkauft wurde und wofür ich viele positive Rückmeldungen erhalten habe, können Sie viele meiner Erfahrungen für alle möglichen Lebenslagen nachlesen.

Einige meiner Erfahrungen liegen weit in der Vergangenheit. Um diese als kleine Wunder zu erkennen, musste ich auch erst die Gesetzmäßigkeiten, welche ich in diesem Buch darstelle, erkennen und erlernen. Erst durch diese Erkenntnis und diesen Lernprozess konnte ich die positiven wie negativen Ereignisse aus meiner Vergangenheit nachvollziehen.

Auf der nächsten Seite habe ich die Kernaussage dieses Buches so aufgeführt, wie Sie diese nutzen können. Diese können Sie ausschneiden bzw. kopieren und für Sie täglich sichtbar an eine Wand hängen. Eine solche Visualisierung, welche Sie täglich positiv beeinflusst, kann ich Ihnen nur wärmstens empfehlen. Sie lenkt Ihre Gedanken von negativem zu positivem Denken.

Visualisieren Sie auf diese Weise auch alle Ihre Wünsche.

"Es ist vollbracht!"

Die letzten Worte Jesus Christus nach Johannes 19,30

Ich lebe glücklich im Paradies Erde

Aktion = Reaktion
Positives fällt mir zu = Zufall!
Ich ziehe Positives an = Anziehung!
Meine Gedanken sind positiv
Meine Wünsche sind positiv

Ich denke nur noch positiv
Ich Liebe alle und alles
Ich bin dankbar für alles was ich habe und was ist
Ich bin gesund
Ich liebe den Frieden
Ich habe Glück
Ich bin erfolgreich
Ich lebe im Reichtum, Wohlstand und Überfluss

Bildverzeichnis

„Die Bilder wurden von mir bzw. mit meiner Kamera aufgenommen und bearbeitet."

Manfred Bogenschütz

Literaturverzeichnis und Buchempfehlungen

Arthur Lowell Jay: *Das Geheimnis der Anziehung*
Illustriert von Dorothea Layer-Stahl, VAK Verlags GmbH, 5.Auflage 2003
ISBN: 3-924077-77-0

Buzan Tony: *Speed Reading – Schneller lesen – mehr verstehen – besser behalten*
deutsche Übersetzung, mvg-Verlag, Redline GmbH
ISBN: 978-3-636-06242-0

Egli René: *Das LOL²A-Prizip – Die Vollkommenheit der Welt*
34. Auflage 2006, Editions d'Olt
ISBN: 3-9520606-0-7

Gray John: *Männer sind anders, Frauen auch – Männer sind vom Mars, Frauen von der Venus*
Goldmann
ISBN: 3-442-16107-X

Mohr Barbara: *Der kosmische Bestellservice – Eine Anleitung zur Reaktivierung von Wundern*
4. Auflage 2000, Omega
ISBN: 3-930243-15-6

Pease Allan & Barbara: *Warum Männer nicht zuhören und Frauen schlecht einparken – Ganz natürliche Erklärungen für eigentlich unerklärliche Schwächen*
Ullstein
ISBN: 3-548-35969-8

Pease Allan & Barbara: *Warum Männer lügen und Frauen immer Schuhe kaufen – Ganz natürliche Erklärungen für eigentlich unerklärliche Beziehungen*
Ullstein
ISBN: 3-548-36662-7

Van Helsing Jan: *Hände weg von diesem Buch*
8. Auflage 2006, amadeus-verlag
ISBN: 3-9807106-8-8

Weitere Bücher des Autors

„Diese Bücher können auch Ihr Leben positiv verändern!“

Bogenschütz Manfred,

Glücklich Leben im Paradies Erde

Books on Demand GmbH, Norderstedt, 2008

ISBN 978-3-8370-2575-0, 156 Seiten, Preis: 20,- EUR

Atemberaubende und tatsächlich erlebte Ereignisse des Autors klingen wie Geschichten aus dem Märchenbuch. Übersichtliche und überschaubare Kapitel führen den Leser kurz und bündig in die Materie ein. Dabei werden die physikalischen Naturgesetze von Aktion = Reaktion und der Anziehung, wie unsere Gedanken als Wünsche im Universum erkannt und erfüllt werden, verständlich erklärt.

Durch Erfahrungsberichte wird die Theorie zum Schauplatz der Realität und der Autor stellt dar, wie er sein Leben mit negativen und positiven Ereignissen in ein „Glückliches Leben im Paradies Erde“ führte. Durch Übungsbeispiele kann der Leser das erlernte unmittelbar umsetzten.

Bogenschütz Manfred,

Wie finde ich meinen passenden Lebenspartner

Books on Demand GmbH, Norderstedt, 2009

ISBN: 978-3-8370-8784-0, 112 Seiten, Preis: 12,80 EUR

Dieses Buch ist Teil der Buchserie „Liebes Universum“ und beschreibt verständlich anhand von Erfahrungen des Autors

„Finde Deinen passenden Lebenspartner“

Erfahrungsberichte zeigen, dass durch die Kraft unserer Gedanken vieles möglich ist, was unerklärlich erscheint. Vergleichbar mit den Naturgesetzen aus der Physik wird erklärt, wie alles was wir aussenden geballt auf uns zurück kommt. So ziehen wir magisch an, was wir uns gedanklich wünschen. Negative Gedanken ziehen negative Ereignisse an, positive Gedanken positive Ereignisse. Wie Sie durch diese Kenntnis, welche in allen Büchern der Serie „Liebes Universum“ ausführlich beschrieben ist, auch Ihren passenden Lebenspartner im Universum bestellen können, wird anhand vieler Beispiele und Einzelheiten gezeigt. Ein ganzheitliches glückliches Leben steht dabei im Vordergrund, damit unser Unterbewußtsein uns in allen Lebenslagen hilfreich zur Seite stehen kann.

Bogenschütz Manfred,
Meine Arbeit soll Spaß machen

Books on Demand GmbH, Norderstedt, 2009
ISBN 978-3-8370-8995-0, 112 Seiten, Preis: 12,80 EUR

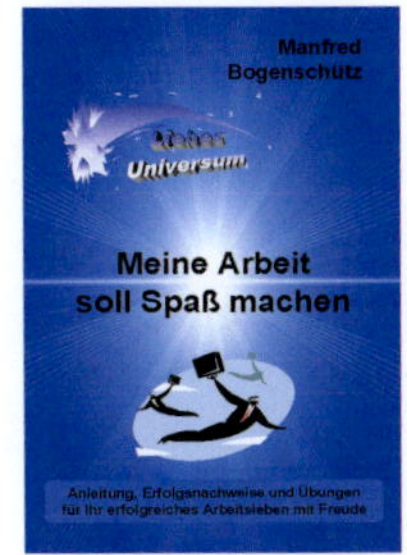

Dieses Buch ist Teil der Buchserie „Liebes Universum" und beschreibt verständlich anhand von Erfahrungen des Autors

„Finde Deinen Traumjob"

Erfahrungsberichte zeigen, dass durch die Kraft unserer Gedanken vieles möglich ist, was unerklärlich erscheint. Vergleichbar mit den Naturgesetzen aus der Physik wird erklärt, wie alles was wir aussenden geballt auf uns zurück kommt. So ziehen wir magisch an, was wir uns gedanklich wünschen. Negative Gedanken ziehen negative Ereignisse an, positive Gedanken positive Ereignisse. Wie Sie durch diese Kenntnis, welche in allen Büchern der Serie „Liebes Universum" ausführlich beschrieben ist, auch Ihre Freude am Beruf im Universum bestellen können, wird anhand vieler Beispiele und Einzelheiten gezeigt. Ein ganzheitliches glückliches Leben steht dabei im Vordergrund, damit unser Unterbewußtsein uns in allen Lebenslagen hilfreich zur Seite stehen kann.

Bogenschütz Manfred,
Ich verbessere Jetzt und Heute meine Beziehung

Books on Demand GmbH, Norderstedt, 2009
ISBN 978-3-8370-8785-7, 112 Seiten, Preis: 12,80 EUR

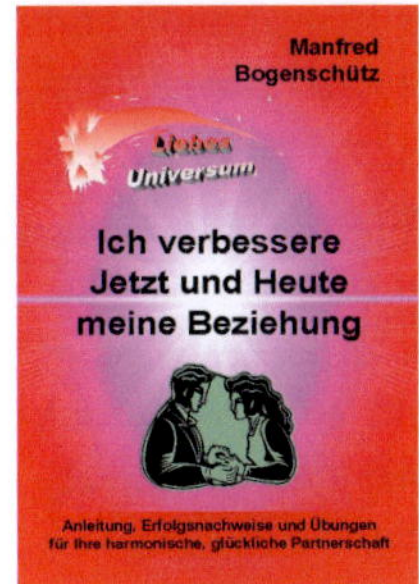

Dieses Buch ist Teil der Buchserie „Liebes Universum" und beschreibt verständlich anhand von Erfahrungen des Autors

„Verbessere Deine Beziehung"

Erfahrungsberichte zeigen, dass durch die Kraft unserer Gedanken vieles möglich ist, was unerklärlich erscheint. Vergleichbar mit den Naturgesetzen aus der Physik wird erklärt, wie alles was wir aussenden geballt auf uns zurück kommt. So ziehen wir magisch an, was wir uns gedanklich wünschen. Negative Gedanken ziehen negative Ereignisse an, positive Gedanken positive Ereignisse. Wie Sie durch diese Kenntnis, welche in allen Büchern der Serie „Liebes Universum" ausführlich beschrieben ist, auch Ihre Beziehung verbessern können, wird anhand vieler Beispiele und Einzelheiten gezeigt. Ein ganzheitliches glückliches Leben durch positives Denken und Handeln steht dabei im Vordergrund. Wenn unser Unterbewußtsein weiß was wir wollen kann uns das Universum in allen Lebenslagen helfen.

Bogenschütz Manfred,

Wie denke ich mich Gesund

Books on Demand GmbH, Norderstedt, 2009

ISBN 978-3-8370-8998-1, 112 Seiten, Preis: 12,80 EUR

Dieses Buch ist Teil der Buchserie „Liebes Universum" und beschreibt verständlich anhand von Erfahrungen des Autors

„Denke Dich Gesund"

Erfahrungsberichte zeigen, dass durch die Kraft unserer Gedanken vieles möglich ist, was unerklärlich erscheint. Vergleichbar mit den Naturgesetzen aus der Physik wird erklärt, wie alles was wir aussenden geballt auf uns zurück kommt. So ziehen wir magisch an, was wir uns gedanklich wünschen. Negative Gedanken ziehen negative Ereignisse an, positive Gedanken positive Ereignisse. Wie Sie durch diese Kenntnis, welche in allen Büchern der Serie „Liebes Universum" ausführlich beschrieben ist, auch Ihre Gesundheit bzw. im Universum bestellen können bzw. Ihre Selbstheilungskräfte wecken, wird anhand vieler Beispiele und Einzelheiten gezeigt. Ein ganzheitliches glückliches Leben steht dabei im Vordergrund, damit unser Unterbewußtsein uns in allen Lebenslagen hilfreich zur Seite stehen kann.

Bogenschütz Manfred,

Wie werde ich Reich

Books on Demand GmbH, Norderstedt, 2009

ISBN 978 3-8370-8999-8, 112 Seiten, Preis: 12,80 EUR

Dieses Buch ist Teil der Buchserie „Liebes Universum" und beschreibt verständlich anhand von Erfahrungen des Autors

„Denke Dich Reich"

Erfahrungsberichte zeigen, dass durch die Kraft unserer Gedanken vieles möglich ist, was unerklärlich erscheint. Vergleichbar mit den Naturgesetzen aus der Physik wird erklärt, wie alles was wir aussenden geballt auf uns zurück kommt. So ziehen wir magisch an, was wir uns gedanklich wünschen. Negative Gedanken ziehen negative Ereignisse an, positive Gedanken positive Ereignisse. Wie Sie durch diese Kenntnis, welche in allen Büchern der Serie „Liebes Universum" ausführlich beschrieben ist, auch Ihre finanzielle Verbesserung im Universum bestellen können, wird anhand vieler Beispiele und Einzelheiten gezeigt. Ein ganzheitliches glückliches Leben steht dabei im Vordergrund, damit unser Unterbewußtsein uns in allen Lebenslagen hilfreich zur Seite stehen kann.

Entspannungs-CD's des Autors

CD 1

Autogene Entspannung mit Manfred Bogenschütz

Titel: 1. Autogene Entspannung 61:30 min

Kurzbeschreibung: Autogene Entspannung mit Klangschalenklängen und Sprache des Autors.

Bestell-Nr.: MB-2006-CD-01 Preis: 16,80 EUR

CD 2

Tiefenentspannung am Meer

Titel: 1. Tiefenentspannung am Meer 22:02 min, 2. Hilfe zur Selbstheilung 17:12 min, 3. Chakrenübung 17:53 min, 4. Einschlafentspannung 22:43 min

Kurzbeschreibung: Unterschiedliche Entspannungstitel mit Klangschalenklängen und Sprache des Autors.

Bestell-Nr.: MB-2006-CD-02 Preis: 16,80 EUR

CD 3

Tiefenentspannung

Titel: 1. Auf einer grünen Wiese 23:05 min, 2. Autogene Entspannung (Kurzversion von CD 1) 26:07 min, 3. Wunscherfüllung 20:28 min

Kurzbeschreibung: Unterschiedliche Entspannungstitel mit Klangschalenklängen und Sprache des Autors.

Bestell-Nr.: MB-2006-CD-03 Preis: 16,80 EUR

CD 4

Entspannungs-Begleit-CD zum Buch „Glückliches Leben im Paradies Erde“

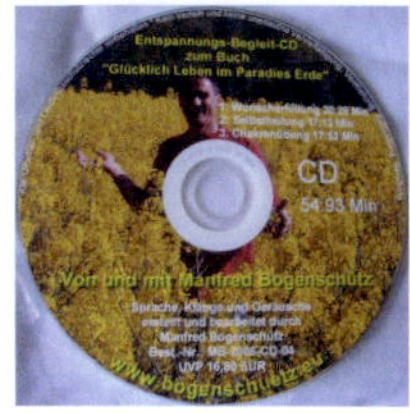

Titel: 1. Wunscherfüllung 20:28 min 2. Selbstheilung 17:12 min, 3. Chakrenübung 17:53 min

Kurzbeschreibung: Unterschiedliche Entspannungstitel. Auszüge aus CD 2 und CD 3

Bestell-Nr.: MB-2008-CD-04 Preis: 16,80 EUR

Adresse des Autors und Bestelladresse für Produkte des Autors

Dipl.-Ing.(FH) Manfred Bogenschütz
Steinenberg 11a
88699 Frickingen
Tel.: +49 (0) 7554 – 9 86 51 63
Fax: +49 (0) 7554 – 9 86 51 64
Email: manfred@bogenschuetz.eu
Homepage: www.bogenschuetz.eu

Bild 13: Autor dieses Buches, Dipl.-Ing.(FH) Manfred Bogenschütz, Foto: www.rolandhuebler.de